AF596887

VAJRACCHEDIKÂ

(PRAJÑÂPÂRAMITÂ)

TRADUITE DU TEXTE SANSCRIT

AVEC COMPARAISON

DES VERSIONS CHINOISE ET MANDCHOUE

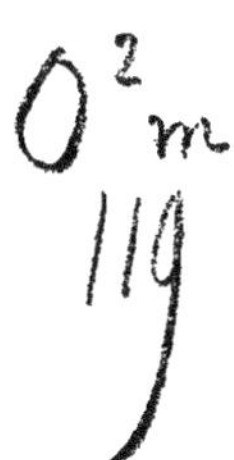

VAJRACCHEDIKÂ

(PRAJÑÂPÂRAMITÂ)

TRADUITE DU TEXTE SANSCRIT

AVEC COMPARAISON

DES VERSIONS CHINOISE ET MANDCHOUE

PAR

M. C. DE HARLEZ

EXTRAIT DU JOURNAL ASIATIQUE

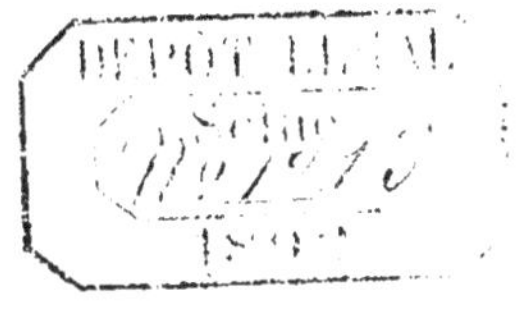

PARIS

IMPRIMERIE NATIONALE

M DCCC XCII

VAJRACCHEDIKÂ

(PRAJÑÂPÂRAMITÂ)

TRADUITE DU TEXTE SANSCRIT

AVEC COMPARAISON

DES VERSIONS CHINOISE ET MANDCHOUE.

INTRODUCTION.

La *Vajracchedikâ*[1] ou « Fendoir du diamant » est un sûtra — c'est-à-dire un livre rapportant des discours de Çâkyamûni — qui appartient à l'école dite du Mahâyâna, ou grand véhicule, parce que ses adeptes prétendaient enseigner une doctrine plus profonde, plus étendue, des pratiques plus élevées que celles de l'école rivale qu'ils avaient qualifiée du nom dédaigneux de *hînayâna* « règle dégénérée; véhicule misérable ».

C'est une partie ou un appendice du grand traité que l'on appelle *Mahâprajñâpâramitâ* qui fait partie de l'*Abhidharma* et qui enseigne, ainsi que son nom l'indique, « le grand moyen d'arriver à l'autre vie, au terme final de l'existence, par la science ». Elle est considérée généralement comme le résumé des principes fondamentaux de ce vaste ouvrage qui ne compte pas moins de cent vingt livres. Elle en est pour

[1] Nous nous bornerons naturellement, dans cette Introduction et dans les notes, à ce que l'on doit avoir présent à l'esprit pour la complète intelligence de notre texte.

IMPRIMERIE NATIONALE.

ainsi dire la quintessence et son titre indique qu'elle résout la dernière difficulté, qu'elle brise le dernier obstacle à l'illumination qui sauve le croyant.

Aussi les bouddhistes du Nord attribuent à ce petit volume une valeur, une importance qui égale uniquement le livre des prières journalières. La lecture en est à leurs yeux d'une efficacité merveilleuse. On ne s'étonnera donc point qu'il ait été traduit dans toutes les langues des peuples où le bouddhisme du Nord s'est étendu : tibétain, mongol, mandchou et chinois. La version chinoise date de l'an 405, de l'époque où le célèbre bhikshu Kumârajîva fut amené du Tibet en Chine par une expédition envoyée de l'État de Tsin. Ce fut lui, en effet, qui en donna la première traduction. D'autres suivirent à différents intervalles, mais sans supplanter la première qui est encore aujourd'hui le manuel de la plupart des monastères. On en connait ainsi cinq différentes, dont les plus célèbres furent faites par Paramârtha en 562 et par Hiuen-tsang à son retour de l'Inde. (Voir l'Introduction de M. Müller, p. 15-16.)

Le texte sanscrit, jusqu'à ces derniers temps, n'était connu en Europe que de quelques spécialistes. Il a été édité par le savant indianiste d'Oxford, M. Müller, en 1881, dans les *Anecdota Oxoniana*. Il l'avait reçu du Japon, en plusieurs manuscrits d'origines différentes, mais dont les variantes ne présentent pas des différences importantes.

La version tibétaine a été éditée avec une traduction allemande par Schmidt dans les *Mémoires de l'Académie de Saint-Pétersbourg* (t. IV, 2e liv., 1837). Elle est tirée du Kah-gyur. La Vajracchedikâ mongole n'est connue que par une mention incidente dans l'*Introduction à l'Histoire du bouddhisme indien* de E. Burnouf. La version chinoise ne se trouve en Europe que dans quelques mains bien peu nombreuses; quant à la version mandchoue, son existence était ignorée jusqu'à l'an dernier; il serait bien difficile de se la procurer même en Chine, je n'en connais point d'exemplaire imprimé.

Le but du présent travail est de donner la première traduction du texte qui ait été faite — un coup d'œil jeté sur le *Mémoire* de Schmidt montrera que celle-ci n'est point inutile — et de comparer ce texte avec les versions tibétaine, mandchoue et chinoise, du moins en ce qui présente quelque importance, ainsi que de faire connaître ces deux dernières. Cette comparaison a cette utilité de faire voir comment les Chinois proprement dits et les Chinois-Mandchous comprenaient ces conceptions exotiques. Il me paraît en outre que le texte dont se servit Kumârajîva ne devait pas être le même que celui dont M. Müller nous a donné une reproduction fidèle, une édition critique. Il présente à la fois des divergences parfois assez remarquables, et en outre, avec les lacunes que l'amour de la brièveté pourrait expliquer, des passages en plus qui rendent la première supposition quelque peu douteuse.

Le texte sanscrit qui sert de base à ce travail est naturellement celui du savant éditeur d'Oxford; nous n'eussions pu certainement mieux faire, ni mieux choisir. Les variantes ne méritent qu'une attention médiocre. Pour le tibétain, nous avions celui de Schmidt, qui est généralement correct. Le chinois et le mandchou nous ont été fournis par un manuscrit chinois qui nous est venu, l'an passé, entre les mains et qui présente certaines particularités dont nous devons dire un mot à nos lecteurs.

Ce manuscrit est dû à la plume de deux adeptes du bouddhisme dont le second appartient à la famille impériale. Ils s'appellent *Tsing-tsai* et *Mien-pang*[1]. Ils le commencèrent l'an XIV de Tao-Kuang et l'achevèrent en l'an XVI. Tsing-tsai nous apprend, dans sa préface, qu'il était magistrat, mais qu'ayant donné sa démission, il profita des loisirs qui lui étaient accordés pour faire cette œuvre de piété.

Nos doctes copistes s'acquittèrent de leur tâche avec grand succès; leur écrit est sans aucune faute, un seul mot omis dans le chinois a été ajouté à droite en plus petit caractère.

[1] 靜齋 et 宗室綿榜.

Mais aussi ils s'étaient préparés à cette œuvre de leur mieux et s'étaient lavé les mains avec soin, comme ils nous l'apprennent dans le colophon final.

Leur écriture est celle de la main courante, mais cependant assez lisible malgré les abréviations et simplifications des caractères. Notre manuscrit bilingue est écrit de gauche à droite comme tous ceux qui contiennent un texte mandchou [1], mais l'introduction est à la fin comme dans les manuscrits chinois. La double version est précédée : 1° d'un avertissement indiquant les conditions morales nécessaires pour lire avec fruit le livre sacré; 2° de diverses prières préparatoires que nous donnerons à la fin de cette traduction.

La version mandchoue est absolument introuvable et inédite, et les textes mandchous dont peut disposer le linguiste européen sont extrêmement rares; nous espérons pouvoir la publier ultérieurement. Cette version est écrite en un mandchou remarquablement pur et échappe entièrement au reproche fait, non sans raison, par M. Müller à la plupart des traductions chinoises similaires, d'être inintelligibles sans le secours du sanscrit. A elle seule, elle donnerait une idée très exacte du texte.

La doctrine professée dans la Vajracchedikâ est celle du bouddhisme du Nord, du bouddhisme brâhmanisé, c'est-à-dire ramené, quant à sa métaphysique, aux théories essentielles du brahmanisme : l'inexistence de tous les êtres particuliers, la Mâyâ ou illusion universelle en ce qui concerne leur production et leur naissance; l'être et le non-être se trouvant en même temps en toutes choses (*sadasat*); ce qui ne veut pas dire « l'identité de l être et du non-être »; la délivrance des renaissances (*moksha*) par la connaissance de la non-réalité des êtres. la foi en ce principe fondamental.

[1] Il est écrit, chose singulière, au verso d'un autre livre, à savoir le *Lo-tang tsiuen-tsih* « Recueil complet du palais du plaisir », c'est-à-dire « Recueil complet des poésies et morceaux littéraires composés par l'empereur K'ien-long ».

A cela se joint cette conception propre au bouddhisme, que l'existence particulière est causée par le désir subsistant après ce qu'on appelle la mort; désir qui saisit et s'approprie les quatre conditions de cette existence; l'individualité (*âtman*), l'existence (*sattva*), la vie (*jîva*), et la personnalité (*pudgala*). La *moksha*, ici, exige en plus le détachement complet, l'extinction complète de ce désir; en sorte que cette force indéfinissable ne se saisisse plus de ces divers *matériaux* de l'existence et laisse l'être particulier se dissoudre dans la condition nirvânique.

Ces principes sont assez bien énoncés dans l'introduction de nos deux rédacteurs Tsing-tsai et Mien-pang; nous la donnerons ici en entier, et pour ce motif, et parce qu'elle fait parfaitement connaître les idées régnant chez les bouddhistes chinois actuels.

Quant à notre texte, c'est uniquement un développement de l'idée fondamentale que nous venons d'exposer en l'appliquant à différents cas successivement exposés, où le Tathâgata, ou Çâkyamûni, explique à ses auditeurs comment chaque chose n'est pas ce qu'elle est; comment tout être, tout prédicat, est non-être, non-prédicat. Mais cette formule constamment répétée a cela de bizarre qu'elle se termine chaque fois par cette conclusion : « c'est pourquoi c'est appelé ainsi ». Par exemple : « l'existence est une non-existence, c'est pourquoi elle est appelée *existence* ». C'est tout à fait transcendental. La Vajracchedikâ développe cependant encore un autre principe, à savoir le mérite, supérieur à tout, de celui qui reçoit les sûtras et la loi, qui la propage, l'enseigne, l'explique ou même y croit simplement. Cela est répété à satiété.

Depuis que cette introduction a été envoyée pour l'impression, j'ai reçu le texte chinois de la version avec le double commentaire de *Lü-tsu;* le premier expliquant les mots; le second développant les idées. J'ai cru utile d'en donner quelques extraits montrant comment les Chinois conçoivent les principes bouddhiques.

Voici l'introduction mandchoue-chinoise de notre livre.

PRÉFACE DES DEUX RÉDACTEURS.

LIVRE DE LA MAHÂPRAJÑÂPÂRAMITÂ
QUI RÈGLE LE COEUR.

Les bodhisattwas contemplateurs, existant en eux-mêmes, suivant la voie profonde de la loi, accomplissent la traversée (du monde) de la science. Contemplant constamment les cinq espèces de vide qu'ils voient avec grande clarté, ils traversent heureusement toutes les circonstances pénibles et dangereuses, les chagrins et les calamités. En leur esprit éclairé et d'une mémoire constante, la perception des formes ne se sépare pas du vide, ni le vide de cette perception; car elle est le vide même, et le vide c'est cette perception. Leurs pensées, leurs actes, leurs connaissances, ont ce principe pour direction. Leur esprit éclairé et d'un souvenir constant en tout ce qui est du vide et des apparences de toute condition d'être ne produit rien, ne détruit rien, ne souille, ni purifie, n'augmente ni diminue quoi que ce soit.

Car dans le vide il n'y a point de forme, point d'aperception, de pensée, d'acte ou de connaissance acquise. Là il n'y a point de sens, point d'yeux, d'oreille, de nez ou de langue, point de corps ni d'intelligence, point de couleur, de son, d'odeur, de goût ou de sensation du tact. Comme il n'y a pas de limite à la vue, il n'y en a pas non plus à la pensée, à la connaissance.

Il n'y a pas non plus d'obscurité intellectuelle, et quand cette absence d'obscurité est complète, il n'y a plus de vieillesse ni de mort, et quand l'affranchissement de la vieillesse et de la mort est complet, il n'y a plus ni douleur, ni assemblage, ni désagrégation. On ne possède, n'acquiert plus rien qui ne soit rationnel parce qu'on n'acquiert plus rien (d'extérieur).

Les bodhisattwas qui suivent (la doctrine de) la prajñâpâramitâ n'ont plus rien dans le cœur qui le séduise ou l'entrave; plus pour eux de crainte, d'appréhension, d'éloignement, d'égarement, de résistance ni de chute, plus de rêves ni de soucis. Enfin ils arrivent dans le Nirvâna.

Tous les bouddhas des trois âges qui suivent la prajñâpâramitâ obtiennent l'*Anuttarâsamgatisambhôdi.* Ils connaissent la cause qui fait parvenir à la connaissance parfaite[1].

C'est là la grande, la spirituelle Dharanî (Tarni). C'est la grande et lumineuse Dharanî, la Dharanî qui n'a rien au-dessus d'elle et n'a point de degrés, qui dissipe toute douleur vraie, réelle, sans aucun défaut ni lacune.

Heti! Heti! Para heti! Para seng heti Botisa suakha[2].

[1] Le chinois veut plutôt dire : « à cause que ».

[2] Ha iti! Ha iti! Pârâ ha iti! Para sangha ha iti, Bodhisattwa svâha.

La seizième année Tao-kuang[1], aux jours propices du septième mois, pleins de foi, les deux disciples Tsing-tsai et Mien-pang, membres de la famille impériale, après s'être lavé les mains, ont écrit avec respect ce qui suit.

Le texte mandchou-chinois est divisé en paragraphes, et ceux-ci ont chacun un en-tête qui est censé indiquer le sujet du passage. Nous avons choisi cette division qui n'est pas sans raison d'être et nous donnons ces intitulés à titre de curiosité historique.

[1] 1837.

VAJRACCHEDIKÂ.

VÉNÉRATION À LA SAINTE[1] ET NOBLE PRAJÑÂPÂRAMITÂ.

I. — Cause de la réunion pour la bonne loi.

C'est ainsi que je l'ai entendu dire.

En une certaine circonstance[2], le bienheureux[3] se trouvait à Çrâvasti[4], au bois de Jeta[5], au jardin

[1] Al. à l'omnisciente.

[2] Comme dans un grand nombre de sûtras, la scène s'ouvre ici par une assemblée de bhikshous et de bodhisattwas auxquels le bienheureux donne la leçon qui fait l'objet du livre. Le lieu de la réunion est à Çrâvasti, la ville antique dont les ruines se voient, dit-on, au nord du Gange, au-dessus de Bénarès, et que Fa-hien place près de Fuzabad, tandis que Hiuen-tsang dit en avoir vu les ruines près de Sirkhî.

Samaya est pris dans les versions CH. M. comme terme général : temps, moment : *emu erinde*, *yih shi*.

[3] A *Bhagavân* (qui a une heureuse part de destin) correspond en M. CH. le nom propre *Fucihi* de formation obscure et *Fo*, primitivement *But*.

[4] *Çrâvasti*, M. CH. simplement transcrit : *sha-wei*, tib. *Mnyen yod*, ce qui, contrairement à l'explication de Schmidt, est une traduction étymologique de *Çrâv*, *çru* « entendre » et *asti* « est ».

[5] *Jetavana*. CH. *Tshe-shu*, M. *She-shu-moo*, le bois *Tche*, transcription de Je. Le M. double le mot « bois » *shu* (CH.) *moo*. Le T. *Rgyal bu, rgyal byed t'sal*, forêt du prince *Rgyal byel*, i. e. vainqueur, identifiant *Jéta* à *Jétar*. On sait que *Jeta* était fils de *Praseñajit*, roi de Çrâvasti, et qu'il vendit un parc situé dans un faubourg, à *Anâthapindada*.

de plaisance[1] d'Anâthapiṇḍada[2], avec une grande assemblée de bhikshous[3], comptant 1,500 bhikshous et un nombre considérable de bodhisattwas, mahâsattwas, êtres supérieurs.

Or donc, s'étant habillé tout au matin[4], le bienheureux[5] prit son écuelle et le vêtement de religieux mendiant, puis se mit à circuler dans Çrâvasti, la grande ville, pour mendier sa nourriture.

L'ayant ainsi parcourue, ayant fait son repas et étant revenu de sa course pour sa nourriture, ayant mis au repos son écuelle et son manteau[6], et s'étant lavé les pieds, le bienheureux s'assit sur le siège ma-

[1] *Arâma* «lieu de plaisir». T. *Kun dga ra pa na* «dans le jardin de tous les plaisirs». CH. M. simplement «jardin» : *Yuen-yafan.*

[2] *Anâthapiṇḍada*, nom donné à *Sudatta*, riche propriétaire de Çrâvasti qui mit son parc à la disposition de Çâkyamûni. Il est resté célèbre par sa charité. Son nom est expliqué généralement comme un composé attributif signifiant «qui donne sans conserver même un pain» (*a-nâtha-piṇḍa*). La version CH. M. indique un sens plus naturel : «qui donne du pain, qui fait l'aumône à ceux qui sont sans protection» (*anâtha-piṇḍa-da*). CH. M. *Ke-ku-tu* qui donne aux orphelins et abandonnés. Le T. traduit d'après la première explication avec une variante : *mgon med zas sbyin* (et non *skyin*, texte de Schmidt).

[3] *Bhikshu*, T. *Dge-slong* «lama». Le M. CH. à la première fois *Gelong* et *Pi-kiu* et, la deuxième fois, *niyalma, jin* «homme». Le M. CH. n'a pas le reste de la phrase et ne mentionne pas les bodhisattwas.

[4] M. au temps du riz (déjeuner). CH. au temps du manger. Schmidt a passé quelques mots dans cette phrase.

[5] Ici en M. CH. *Shi-tsun* qui correspond à *Lôkajyeshṭhva* «honoré du monde».

[6] Vêtement teint rouge-sang comme on le portait en Chine.

gistral[1], les jambes pliées sous lui, le corps droit et la pensée fixée sur l'objet de sa méditation.

Alors de nombreux bhikshous assemblés s'en vinrent au lieu où était le bienheureux. En s'approchant, ils inclinèrent profondément la tête aux pieds du bienheureux, et ayant tourné trois fois en lui donnant la droite, ils allèrent tous s'asseoir du même côté.

2. — Chercher à faire briller le bien.

Alors, en cette circonstance, Subhûti, à la longue vie[2], vint s'unir à cette assemblée et s'assit au milieu d'elle. Puis, se levant de son siège, rejetant son manteau sur une épaule, posant à terre le genou droit[3] et faisant l'anjali[4] devant le bienheureux, il lui adressa ces paroles :

C'est merveilleux, ô Bienheureux! c'est suprêmement merveilleux, ô Sugata! comment, par toi vénérable Tathâgata, arhat complètement illuminé, ces bodhisattwas mahâsattwas ont été réunis à ta

[1] Ceci et tout le reste du paragraphe manquent dans les versions M. CH.

[2] Âyushman. CH. M. *Tchang-lao* « vieillard vénérable, très âgé ». T. *Tche dan ldan pa*, tempore præditus, et *Rab-hbyor* aux trésors excellents. *Subhûti* « de nature excellente ».

[3] M. CH. « du côté droit ». Le T. ne dit pas qu'il posa un genou à terre.

[4] M. *giogin arame* « mettant les mains plates l'une contre l'autre ». CH. *ho-tchang* joignant les paumes des mains; puis deux termes indiquant les sentiments de respect « honorant avec respect ». T. s'inclinant avec les mains jointes.

suite par la grâce qui les a saisis[1]. Merveilleux! comment par ce vénérable Tathâgata, arhat complètement illuminé, ces bodhisattwas mahâsattwas ont été comblés de cette grâce suprême.

Comment donc doit-il se déterminer, ô Bienheureux, le jeune homme ou la jeune fille comme il faut, appliqué à la pratique de la doctrine des bodhisattwas[2]? Comment doit-il se mettre à l'œuvre? Comment doit-il en comprendre l'idée?

Lorsque Subhûti, à la longue vie, eut ainsi parlé, le bienheureux lui dit[3] : Très bien, très bien,

[1] M. CH. *Hi : jalan de Komso* « rare en ce monde ». *Shi tsun, jo-lai=lokajyeshtha, Tathâgata*. . . M. puissant pour favoriser la volonté de tous les bodhisattwas, pour les instruire et les diriger, leur donner leurs charges. CH. id. puissant pour les appeler et les charger.

[2] T. *de-bzin gs'egs* ainsi de même allé (ou venu, *gs'egs* a les deux sens). On explique souvent ce mot comme « parti comme il convient » ou « allant comme ses prédécesseurs ». Mais ce mot adressé au bouddha encore sur la terre ne peut avoir le premier sens; le second n'est pas bien satisfaisant. Peut-être *tathâ* a-t-il le même sens que Rd. *tatha* dans *vitatham* et veut dire « conformément à la vérité ». *Gata* en CH. est traduit *lai* « venu ».

[3] *Bodhisattwayâna* « le moyen d'aller, la règle de la doctrine des B. » est rendu en CH. par les sons qui transcrivent ordinairement *anuttarâsamyaksambodhi*, l'illumination complète de l'intelligence qui n'a rien au-dessus d'elle. Le M. rend aussi ce mot, mais en le traduisant « disposition du cœur qui connaît, qui comprend ce qui est bien et n'a rien au-dessus » : *dele akô*.

Et la phrase entière : « Si un homme ou une femme qui pratique le bien embrasse (*kulaputrô*, etc.) une disposition semblable, comment doit-il la fixer en lui, comment doit-il abaisser, faire ployer cette volonté? » C'est sans doute le mot *cittam*, pensée, intelligence, qui a fait introduire ici « la disposition du cœur » *sin* = *mujilen* et *pratipad*

Subhûti! Il en est précisément ainsi, ô Parfait! Il en est comme tu le dis. Les bodhisattwas mahâsattwas ont été amenés, assemblés ici par le Tathâgata, par une faveur suprême qui les a saisis. Ils ont été par lui comblés d'une grâce suprême. Écoute donc, ô Excellent, et imprime ceci dans ton esprit, fortement, convenablement. Je te dirai comment l'homme appliqué à la doctrine des bodhisattwas doit se tenir, comment il doit s'y appliquer, comment il doit en comprendre la notion[1].

C'est bien, Bienheureux! dit Subhûti, puis il se mit à écouter le bienheureux[2].

3. — Enseignement correct de la grande doctrine.

Le bienheureux lui dit : C'est ainsi, ô Excellent, que cette notion doit être conçue par celui qui s'applique aux règles des bodhisattwas[3]. Tous les êtres, quels qu'ils soient, qui, dans l'élément général de l'être, ont été saisis de cette opération qui fait l'être particulier[4], qu'ils soient nés d'un œuf ou d'une ma-

qui a été traduit par «abaisser» *eberebume*. Ce que le T. rend par «remplir».

[1] Les M. CH. ont simplement «Paroles de Fucihi, Fo dit». Le T. a : «cela a été ainsi» au lieu de : «comme tu le dis», ce que le M. CH. rend exactement. La réponse du bienheureux reproduit la phrase de la demande de Subhûti.

[2] M. CH. Oui bien, Shi-tsun; je désire avec joie et plaisir entendre (ce que tu vas dire).

[3] M. CH. Tous les Po-sa (bodhisattwas) *mo-ho-sa* (mahâsattwas) doivent ployer ainsi leur cœur.

[4] M. CH. Tous les êtres vivants d'une même terre. T. Le sens

trice, de l'humidité ou par génération spontanée, qu'ils aient une forme sensible ou n'en aient point, qu'ils soient intellingents ou non intelligents, ou bien ni l'un ni l'autre, et tout élément d'être dont on peut acquérir la connaissance, tous doivent être plongés, quels qu'ils soient, dans l'élément du Nirvâna, tous sans exception[1].

Mais si même j'y plonge les êtres en nombre illimité[2], aucun n'y est plongé (en réalité). Quelle est la cause de ceci? C'est que, Subhûti, si un bodhisattwa croit à l'existence d'un être particulier, il n'est pas digne d'être appelé de ce nom[3]. Pour quelle raison? Parce qu'il en est indigne celui qui a la (fausse) connaissance, la (fausse) aperception de l'égoïté, de l'existence, de la vie, de la personnalité.

en est : « Tous les êtres vivants qui de l'essence générale se sont formés à cet état par assemblage; qu'ils soient nés d'un œuf, d'une matrice, de l'humidité chaude, d'un changement magique, » etc.

[1] M. CH. par une transformation (*hua, kobulire*).

[2] Ici les M. CH. sont plus développés. « Si j'y plonge les êtres vivants sans mesure, sans nombre, sans limite, en réalité, » etc.

Le T. est ici assez inexact, mais surtout dans la traduction de Schmidt. *Mya ngan-las hdas-pa* « la région où toute peine est passée » est purement le *Nirvâna*, traduit étymologiquement comme dérivé de *nir* et *van* « frapper ». *Dbyuns* « région » correspond à dhâtu.

Le *Nirvâna* semble être ici la dissolution des skhandas, des éléments de l'individu.

[3] Cette phrase et la suivante sont abrégées en chinois-mandchou. « Si un Posa a la conception du moi, de l'homme, de tout être vivant, de la longue vie, il n'est pas un Posa. » Le T. rend aussi *Sattwa* par « être vivant ». *Âtman* est rendu par *Beye, Ngo, bdag* « le moi ». Il s'agit de celui qui a, en son esprit, la conception de l'être, etc., comme réalité.

4. — Que l'on ne doit point rechercher le surnaturel.

En outre, sans aucun doute, ô Subhûti, un bodhisattwa qui fait fond sur la matière[1] ne peut faire de dons (utilement); de même s'il fait fond sur une chose quelconque, sur les formes, les conditions des sons, des odeurs, du goûter, du tact. Mais il pourra faire des dons (utiles) s'il ne fait fond sur la connaissance d'aucun objet déterminé[2]. Car, ô Subhûti, si ce bodhisattwa, qui ne s'appuie sur rien, donne généreusement, on ne peut facilement apprécier la mesure de ses mérites[3].

Penses-tu, Subhûti, que l'on puisse aisément prendre la mesure de l'empyrée[4] au sud, à l'ouest, au nord, en bas, en haut, partout dans les cinq régions[5] et dans les directions intermédiaires?

Non certainement, ô Bienheureux, répondit Subhûti.

Ainsi, dit alors le bienheureux, quand un bodhi-

[1] CH. M. *doro, fa* «loi, nature». — T. *dnos-po* «substance, élément».

[2] *Nimitta*, CH. *siang* «réalité», «ce qui se voit» en langage bouddhiste «caractéristique». M. *Arbun* «forme sensible». T. *Mt'san mar hdu s'es* «conception d'une marque, d'un signe».

[3] CH. M. Heureuse fortune (*siang, hôturi*) ne se peut calculer, apprécier et délimiter, supputer.

[4] CH. M. Mesurer, compter le vide. Le reste de la phrase est abrégé.

[5] Membre de phrase absent du M. CH.

sattwa fait des dons sans s'être appuyé sur rien, il est difficile de saisir la mesure de ses mérites.

Ainsi, ô Subhûti, celui qui est appliqué à la règle des bodhisattwas doit donner de manière qu'il ne s'appuie sur aucune connaissance d'objet déterminé [1].

5. — Comment on connaît la vérité en suivant le principe rationnel (*li*).

Qu'en penses-tu, ô Subhûti? Le Tathâgata doit-il être reconnu par une réunion en lui de signes extérieurs spéciaux [2]? Subhûti répondit : Il n'en est point ainsi, ô Bhagavân! le Tathâgata ne doit pas être reconnu par ces signes. Pourquoi cela? Parce que, ô Bienheureux, la réunion en lui de ces signes dont parle le Tathâgata n'en est point une, est une absence de signes extérieurs. A ces paroles le bienheureux dit à Subhûti : C'est que, Subhûti,

[1] CH. M. Également abrégé. «Subhûti! le bodhisattwa doit se fixer uniquement d'une manière conforme à cette doctrine.»

[2] *Lakshaṇa*. CH. M. «forme du corps». T. *mt'san-phin*, marques excellentes. Ce sont : une protubérance ou touffe de cheveux au front, de longues tresses, un duvet entre les sourcils, de longs doigts, des yeux bleus et blancs comme l'ivoire, quarante dents égales et sans intervalles, des dents très blanches, des mâchoires de lion, une langue longue et mince, la voix de Brahma, de belles et rondes épaules, une peau fine et de couleur d'or, une poitrine de lion, un corps fort et bien arrondi, des cheveux bien tournés, etc. Cf. Burnouf, *Lotus de la bonne loi*, 557-621, et mon *Man-han si-fan tsie yao* dans le *Babyl. Or. Record*, July, August, 1888.

en ce qui est (conception de la) survenance de signes extérieurs, il y a illusion [1]. En ce qui est absence de ces signes, il n'y a point d'erreur. Ainsi le Tathâgata doit être reconnu, aperçu par la présence et l'absence de marques particulières extérieures [2].

6. — La droiture, la sincérité, sont rares.

Subhûti, à la longue vie, dit alors au bienheureux : Il arrivera, n'est-ce pas, que certains êtres seront, à cette voie non encore fréquentée, à ce temps dernier, à cette dernière circonstance, à la dernière période de cinq cents ans, quand l'extinction de la bonne loi sera en cours, lesquels êtres manifesteront encore la connaissance (de la nature) de l'être en récitant les paroles des sûtra, semblables à celles-ci [3] ?

Le bienheureux répondit : Ne dis point cela, toi Subhûti! Il y aura [4] alors, ô Subhûti, dans cette

[1] *Drashṭavya* «peut-on voir?» *Mrshâ* CH. M. tromperie, vide.

[2] M. CH. Si l'on voit que toute forme est une non-forme, alors on voit, on connaît le Tathâgata. Ce qui ferait prendre le texte sanscrit en ce sens : c'est par la non-marque de marques que le Tathâgatha doit être vu, reconnu.

[3] Le M. CH. n'a que : «Se pourra-t-il que tous les êtres ayant entendu les paroles de ce passage prononcé, récité, y ajouteront foi ou non?» Le T. manque seulement des mots «à cette voie..... dernière circonstance». Le dernier cinq-centenaire est le dernier Kalpa.

[4] Cette phrase est répétée deux fois presqu'en entier. Le CH. M. est tout autre : «Si après que le Tathâgata sera éteint, cinq cents ans après, il y a des gens qui, par la mortification, produisent le bon-

voie où personne n'est encore entré, au dernier temps, au dernier moment, au dernier cinq-centenaire, quand l'extinction de la bonne loi sera en cours, il y aura des bodhisattwas mahâsattwas doués de qualités excellentes, de vertus morales, de science, qui manifesteront la connaissance de la nature de l'être, en récitant des maximes semblables des sûtras.

Il n'y aura plus, après cela, des bodhisattwas

heur et sachent produire en eux un cœur ayant foi aux paroles de ce livre et le tenant pour la vérité, ces gens ainsi faits ne sauront poser un fondement solide en un, en deux, en trois, en quatre ou cinq bouddhas. Depuis toujours (dans le passé) on a dû poser tout fondement de cette espèce bon et solide, sur le terrain de mille, dix mille, d'innombrables bouddhas.

« Si l'on écoute les paroles de ce chapitre et que l'on y ajoute foi sans hésitation dans le calme parfait et constamment, ô Subhûti, tous les Tathâgatas ayant une connaissance, une vue complète (du monde), tous les êtres vivants acquerront un bonheur, une vertu ainsi sans limite.

« Pourquoi? Parce que tous sont sans représentation mentale de l'égoïté, de l'humanité, des êtres vivants, de la longue et heureuse existence, ni de la loi des êtres (de leur essence *doro-fa*). Toutefois ils ne seront pas sans conception de la loi. Pourquoi? Parce que si leur esprit saisissait encore la forme, il se livrerait encore à (la conception de) l'égoïté, l'être humain, des êtres vivants, du bonheur (CII. Par là, il manifesterait, etc.).

« S'il comprenait encore la forme, la notion de la loi, il se livrerait encore à l'égoïté, etc. S'il comprenait la notion de la non-loi, il s'y livrerait de même. Cela étant, il ne doit concevoir ni loi ni non-loi.

« Pour ces raisons, le Tathâgata parle ainsi constamment. Vous, ô Bhikshus, sachez que la loi annoncée par moi peut se comparer à un radeau; cette loi on doit l'abandonner, à plus forte raison la non-loi » mahâsattwas disciples d'un seul Bouddha, ni possédant le principe du salut par l'enseignement d'un seul Bouddha. Mais il y aura des bodhisattwas, disciples de plusieurs, de cent, de mille bouddhas, ayant reçu le principe du salut de plusieurs, de cent, de mille bouddhas et qui, en récitant les paroles des Sûtras, sous cette forme, obtiendront le don suprême de l'unité parfaite de la pensée, de la pensée établie dans l'unité. Ceux-là, Subhûti, sont connus du Tathâgata, par sa science de bouddha, d'illuminé. Ils sont vus par lui, de son œil de bouddha. Eux tous, éclairés par le Tathâgata, produiront une masse de mérites en nombre incommensurable et ils en acquerront les fruits.

Pourquoi cela?

Chez ces bodhisattwas mahâsattwas ne règne plus la conception de l'individualité, ni celle de l'existence, ni de la vie, ni de la personnalité, ni même celle de la loi (essence de l'être). Il n'y a pas davantage la connaissance de la non-existence de la loi; il n'y a plus ni connaissance ni ignorance. Comment cela? C'est que si les bodhisattwas mahâsattwas avaient encore la connaissance expresse de la loi, ils se saisiraient encore de l'âtman, de l'existence particulière, de la vie, de la personnalité. S'ils avaient encore la connaissance de la non-loi, ils se saisiraient encore de l'individualité, de l'être, de la vie, de la personnalité.

Pourquoi cela? Parce qu'après ce temps le bodhisattwa mahâsattwa ne doit plus recevoir de loi ou non-loi[1].

Ainsi fut prononcé ce discours par le Tathâgata sur cette matière. Les (notions des) lois sont nécessairement abandonnées (tuées en soi) par ceux qui connaissent le cours naturel et nécessaire de la loi (de l'être), semblable à un radeau; bien plus encore la non-existence de lois.

7. — Ce qui n'est ni acquis ni dit.

Ensuite le bienheureux dit à Subhûti, à la longue vie : Que penses-tu de cela, ô Subhûti; y a-t-il une loi, appelée illumination suprême de l'intelligence, qui a reçu sa lumière par le Tathâgata, ou une loi révélée par le Tathâgata[2]?

Subhûti répondit : Pour autant que je comprends, ô Bienheureux, le sens de ce qui a été dit par le bienheureux, il n'y a point de loi, dite illuminant l'intelligence, ayant reçu sa lumière du Tathâgata, qui ait été révélée par lui[3]. Parce que la loi

[1] *Dharma*. T. *c'os* loi, doctrine, et non *être* comme dit Schmidt.

[2] CH. Le Tathâgata a-t-il acquis l'*anuttarâsamyaksambodhi?* M. A t-il acquis une loi sans supérieure, sachant, comprenant le bien. CH. M. Peut-on dire que le Tathâgata a exposé une loi? Le T. est ici à côté du sens. Il ne s'agit pas de devenir bouddha.

[3] CH. Il n'y a pas de loi établie qui s'appelle *anuttarâs.* M. La loi sans supérieure, etc., n'est pas une loi établie. Il n'y a pas de loi établie que le bouddha puisse annoncer. La loi dite par lui, tous ne peuvent la recevoir ni l'exposer. . . Parce que les saints et sages l'estiment comme une loi sans pratique et la distinguent comme

qui a été révélée par le Tathâgata est incompréhensible, et sans qualités particulières que l'on puisse exprimer. Ce n'est ni loi ni non-loi, parce que les entités supérieures sont produites telles sans être réelles et parfaites pour cela.

8. — Vivre selon la loi.

Le bienheureux dit : Que penses-tu de cela, Subhûti? Si un fils de famille ou une fille de famille (distinguée) fait en sorte que l'élément du monde du trimillénaire ou du grand millénaire soit plein des sept biens précieux, des sept joyaux[1] et qu'il les donne tels, en pur don, aux Tathâgatas[2], aux arhats complètement illuminés[3], est-ce que ce fils

telle. « Sans pratique » (*wu wei*) répond à *sanskrta* et « distinguent » à *prabhâvitasamyaksambhodi*. La *sambodhi* est l'intelligence complète de la vérité produite par une illumination intérieure qui ouvre les yeux de l'intelligence, comme la fin d'un rêve, d'un sommeil ouvre les yeux d'un homme endormi. *Samyak* renforce l'idée exprimée déjà par *sam*. C'est cette uniformité complète qui exclut toute erreur, toute divergence. La *samyaksambodhi* est l'illumination interne complète qui fait le bouddha ou tout au moins le bouddhiste éclairé.

[1] *Saptaratnâni*. Ce ne sont point ici les insignes du Cakravartin, mais sept espèces de métaux ou de minéraux précieux, à savoir : l'or, l'argent, le lapis-lazuli, la perle rouge, le diamant ou les perles blanches, l'améthyste et le corail.

Notons toutefois que la liste des sept joyaux n'est pas partout la même; on y voit figurer aussi l'ambre, la cornaline et autres minéraux précieux.

[2] Ces deux mots manquent au M. CH. ainsi qu'au T.

[3] Id. *Puṇyaskandha* est encore rendu par *höturi erdemu* (M.) « bonheur et vertu » ou « vertu du bonheur » et *fang-te* (id.) au CH.

ou cette fille de famille ferait ressortir de cette œuvre un grand amas de mérites?

Subhûti répondit : Très abondant, ô Bienheureux, très abondant, ô Sugata, serait l'amas de mérites que produirait par cette œuvre ce fils ou cette fille de famille. Et pourquoi? Parce que cet amas de mérites dont parle le Tathâgata a été déclaré par lui un non-amas. C'est pourquoi le Tathâgata dit : C'est un amas, un vrai amas de mérites.

Le bienheureux dit : En outre, si ce fils ou cette fille de famille remplissait ainsi des sept joyaux l'élément du monde du trimillénaire, du grand millénaire et le livrait ainsi en don aux Tathâgatas, arhats complètement illuminés, et qu'un autre, prenant une simple Gâthâ de quatre vers dans toute l'étendue de loi, l'enseignât aux autres complètement et l'expliquât en détail, celui-ci produirait ainsi un amas de mérites beaucoup plus abondant, un amas innombrable. Et pourquoi? parce que, ô Subhûti, c'est par là qu'est née pour ce monde l'illumination complète que rien ne dépasse, des Tathâgatas, arhats complètement illuminés; c'est par là aussi qu'ont été engendrés les bouddhas bienheureux[1]. Comment cela? C'est que ces lois des bouddhas, proclamées telles, ô Subhûti, ont été en même temps déclarées non-lois des bouddhas par le Tathâgata. C'est pourquoi aussi elles ont été dites des lois de Bouddha.

[1] Manque; les bouddhas sont rapportés à la phrase précédente, la sambhodi de tous les bouddhas.

9. — Une seule forme, pas de forme.

a. Que penses-tu maintenant de ceci, Subhûti? Appartient-il à celui qui est entré dans le courant de l'existence (qui l'a atteint, de dire)[1] : J'ai acquis le fruit à recueillir dans ce courant?

Subhûti répondit : Non, cela ne lui appartient pas. Et pourquoi? parce que celui-là, quel qu'il soit, n'a réellement acquis aucune condition[2]; c'est pourquoi il est appelé entré dans le courant de l'existence, l'ayant atteint. Il n'a réellement acquis les conditions ni des formes, ni des sons, ni des odeurs, ni du goût, ni des sensations du tact. Si celui qui s'est engagé dans ce courant pouvait dire qu'il en a acquis les mérites, il aurait saisi, acquis l'égoïté, l'être, la vie, la personnalité.

b. Le bienheureux continua : Maintenant pen-

[1] M. *Surtaban*, transcr. de *srotaâpannas*. CH. transcr. *Phalam* «fruit» est rendu par le même mot en CH.; par *shanggan* «achèvement» en M.

[2] *Dharma*. CH. M. rendent *srôtas*. Il semble que leur texte avait ce mot et non «dharma»; *srôtas* est mieux en place. Mais le trad. T. semble avoir lu *dharma*. «Celui qui nominalement est entré dans le courant n'y est pas entré en réalité. Celui qui n'est pas entré dans les sons, les couleurs, les odeurs, les goûts, le contact, la loi, celui-là est appelé *srotaâpanna*, entré dans le courant de l'existence par ce désir de la vie qui produit l'existence particulière, personnelle en s'appropriant les éléments nécessaires à cela; courant qui conduit d'existence en existence jusqu'à ce qu'on ait mérité d'entrer dans le *Nirvâna.*» T. *Rgyun du* «le fleuve du temps». Ce mot est quelquefois pris dans un autre sens qui ne nous importe point ici.

sez-vous qu'il appartienne à celui qui est à sa dernière renaissance[1] de dire qu'il a acquis les fruits, les mérites de cet état?

Subhûti répondit : Non certainement, cela ne lui appartient pas. Et pourquoi? Parce que celui qui n'a plus à renaître qu'une fois n'a plus les conditions de l'existence sensible. C'est pourquoi il est appelé *sakṛdâgamî* « qui vient une fois ».

c. Le bienheureux dit : Qu'en penses-tu, Subhûti? Appartient-il à celui qui ne revient plus à une nouvelle existence de dire qu'il a acquis le fruit de cette condition?

Subhûti répondit : Non, cela n'est point, ô Bienheureux! non, il n'appartient pas (même) à celui qui ne revient plus de dire : « J'ai acquis le fruit de l'état d'anâgamì. » Et pourquoi? Parce que celui-là n'a plus de loi, plus de condition particulière. C'est pourquoi il est appelé *anâgamì* « qui ne revient plus »[2].

[1] *sakṛdâgamî; anâgamî.* Ces mots désignent ceux qui en sont arrivés à la dernière renaissance (*sakṛt*) ou qui ne doivent plus renaître (*an*), qui de cette existence iront au Nirvâna.

Âgamî est rendu par *tchu-lai*, *geneme jime* « aller, venir ».

[2] M. CH. « L'anâgamì bien qu'il soit dit ne plus revenir, il est appelé ainsi parce qu'en réalité il n'est point ne revenant plus ». Cette phrase est certainement plus conforme au reste du morceau. Était-ce le texte primitif? Cela est d'autant plus probable qu'au paragraphe suivant ces deux traductions suivent notre texte sanscrit actuel et ont ce *dharma* qui détonne avec le reste : « il n'y a point de condition qui le fasse nommer *ne revenant plus* ». M. Ce n'est point une certaine condition étant, à cause d'elle, qu'il est appelé ainsi.

d. Le bienheureux dit : Que penses-tu de ceci, ô Subhûti? Un arhat peut-il croire qu'il a acquis par lui-même la condition d'arhat?

Subhûti répondit : Cela n'est point, Bienheureux! l'arhat même ne peut se dire cela avec vérité. Et pourquoi? C'est qu'il n'y a pas une loi de condition, une réalité qui soit l'arhat; c'est pour cela qu'il porte ce nom. Si l'arhat pouvait se dire : J'ai acquis la condition d'arhat, alors il voudrait encore prendre une égoïté, une existence, une vie, une personnalité.

e. Pourquoi cela? C'est que je suis désigné par le Tathâgata, arhat complètement illuminé, comme chef de ceux qui ne s'adonnent plus à la jouissance[1], et cependant, bien que je le sois, je ne puis pas dire : Je suis un arhat exempt de toute attache. Si je pouvais me dire que j'ai acquis la condition d'arhat, le Tathâgata ne prédirait pas de moi que je serai Subhûti, homme distingué, chef de ceux qui ne sont plus attachés à la jouissance[2], qui

[1] *Araṇâvihârin. Raṇâ* est pris en M. CH. comme signifiant « lutte, contestation, effort » et le mot est rendu par « contemplation sans effort » comme si c'était *araṇâ samâdhi*. M. *Jinghini ilin*, traduction exacte. *Ilin* « arrêt fixé en une chose » (*âdhi*) et *jinghini* « vrai, complet » (*sam*). T. Mais la construction des mots est mal comprise, car *agryas* est pris à part comme indépendant de *araṇâvihâriṇâm* et traduit : « d'un genre très élevé parmi les hommes ».

[2] « Le Tath. n'aurait pas dit que Subhûti est un homme attaché à la règle des arhats; Subhûti, n'agissant point en réalité, en l'appelant Subhûti il l'a dit se plaisant dans la règle de conduite, les actes

ne se plaira plus en aucune jouissance. C'est pourquoi il est appelé détaché de la jouissance, détaché de la jouissance.

10. — Comment régler avec dignité et beauté ce qui est pur.

a. Le bienheureux dit : Qu'en penses-tu, ô Subhûti? Y a-t-il eu une condition d'existence dont se saisisse le Tathâgata, la recevant de Dìpaṅkara [1] le Tathâgata, l'arhat complètement illuminé? Subhûti répondit : Non, une condition semblable n'a point existé. (Le Tathâgata ne reçoit point d'existence par ce moyen.)

b. Le bienheureux dit : Tout bodhisattwa, Subhûti, qui dirait : « Je produirai tous les développements successifs du champ de l'être », parlerait contrairement à la vérité [2]. Et pourquoi? On dit :

d'un arhat ». Ce qui suppose un tout autre texte, car on ne comprendrait pas que les traducteurs M. CH. se soient amusés à changer une phrase qui n'est que la répétition de la précédente.

[1] *Dìpaṅkara* qui fait la lumière est un des bouddhas prédécesseurs de Çakyamùni. Celui-ci n'a rien reçu de lui. La phrase pourrait aussi être traduite : « Y a-t-il une loi que le T. ait reçue de D.? » Ici il paraît plus probable de supposer que la question roule sur l'existence que Çàkyamùni s'est donnée comme tout le monde par le désir de la vie et cela à cause de ce qui suit. C'est, du reste, au choix du lecteur.

M. CH. *Jen sang* « qui illumine, éclaire ». « Y a-t-il quelque chose dans la condition que le Tathàgata ait reçu du bouddha *Jen sang* ou non? » Le nom tibétain est aussi une traduction étymologique.

[2] Ce paragraphe diffère du sanscrit : CH. M. Le bodhisattwa doit-il

développements des êtres, développements des êtres et ce ne sont point des développements de l'être, a dit le Tathâgata. C'est pourquoi on appelle cela « développements successifs des êtres ».

c. C'est pourquoi, ô Subhûti, le bodhisattwa mahâsattwa doit former en lui et manifester la résolution qu'il n'y ait jamais en lui de pensée, de volonté déterminée, qui s'applique à la forme extérieure des êtres, ni aux sons, aux odeurs, au tact. S'il se trouvait, par exemple, Subhûti, un être humain d'un corps élevé, d'une haute taille dont la forme, l'individualité serait comme est le Sumeru, le roi des montagnes, son individualité serait grande en réalité? Subhûti répondit : Elle serait grande, Bienheureux, elle serait grande, Sugata! cette individualité telle que tu la dis.

Et pourquoi? parce que ce qu'on appelle une existence individuelle, une existence d'égoïté a été déclarée n'être point une existence par le Tathâgata[1]. C'est pourquoi on l'appelle existence individuelle.

ou non mettre en ordre d'une manière digne et grave le fond de bouddha? (Fo-t'u, Fucihi i ba). Non, parce que cet arrangement est un non-arrangement. Cela étant, tous les bodhisattwas doivent produire en eux un cœur pur et lumineux et ne doivent point l'établir dans l'amour (des beautés extérieures) de la couleur, etc. On doit former son cœur sans l'établir en rien.

T. J'ai parfait le règlement du pays.

[1] Parce qu'on le dit sans individualité (*beye*, *shin* « corps, soi »), c'est pour cela qu'il est appelé grande individualité. Le reste manque.

Ceci est mal traduit en tibétain, où, par exemple, *âtmabhâva* est traduit *lus* « corps ».

Mais en réalité, ô Bienheureux, ce n'est ni une existence ni une non-existence; c'est pourquoi on l'appelle existence individuelle, *égoïque.*

11. — Prospérité, grandeur sans efforts.

Le bienheureux dit : Qu'en penses-tu, ô Subhûti? S'il y avait autant de fleuves (tels que le) Gange qu'il y a de grains de sable dans le Gange, le grand fleuve, les grains de sable qui se trouveraient dans tous ces Ganges seraient-ils pour cela en grand nombre?

Subhûti répondit : Autant il y aurait de ces Ganges, d'autant plus il y aurait de grains de sable dans ces fleuves.

Le bienheureux reprit : Je vais te l'expliquer, Subhûti, je vais te le faire connaître[1]. Si un homme ou une femme remplissait des sept joyaux autant de monde qu'il y a de grains de sable dans tous ces Ganges, puis les donnait en don aux Tathâgatas, arhats complètement illuminés, quel serait, penses-tu, l'amas de mérites que cet homme ou cette femme produirait en retour?

Subhûti répondit : Nombreux, Bienheureux, (très) nombreux, Sugata! serait l'amas de mérites que cet homme ou cette femme produirait, incommensurable, innombrable.

[1] « Je te dirai une parole vraie... Si un homme... vertueux égalait les sept joyaux au nombre de ces grains de sable de tous ces Ganges et que dans le monde du trimillénaire, du grand millénaire, il les donnait en don. »

Le bienheureux ajouta : Mais relativement à celui, homme ou femme, qui donnerait ces mondes ainsi remplis aux Tathâgatas, l'homme ou la femme distingué qui enseignerait, qui expliquerait aux autres un quatrain de l'exposé de la loi, obtiendrait un amas de mérites bien plus considérable encore; celui-là serait incommensurable, innombrable [1].

12. — Qu'il faut honorer et respecter la bonne doctrine.

En outre, cette partie de la terre dans laquelle serait prononcé ou expliqué ce quatrain de la loi, cette partie deviendrait un lieu sacré, un temple [2] pour le monde réuni des dévas, des hommes et des asuras.

Et ceux en outre qui soutiennent (*dhâray*) cet exposé de la loi tout entier, qui le réunissent (*âcay*), l'obtiennent (*paryavâp*) entier par leurs recherches et l'expliquent complètement aux autres, ceux-là seront doués des pouvoirs surhumains les plus mer-

[1] Le premier membre de la phrase et la fin manquent en M. CH.

[2] Tous devraient le respecter, y faire des offrandes comme un temple à tour, *t'a miao*. M. *Subargan miao*.

A bien plus forte raison celui qui, étant homme, le prend et le garde et sait le lire, le réciter? On doit savoir qu'un tel homme accomplit une loi extrêmement élevée, la première en grandeur, et rare (en ce monde M.) i. e. des actes surhumains. S'il y a un lieu où soit ce texte sacré, c'est le lieu de Bouddha, il le possède, il doit être honoré, respecté des disciples (de Bouddha).

Udgrah, *dhâray*, etc. Le T. rend encore plus explicitement : reçoit, copie, met en pratique, maintient, lit à d'autres, etc.

veilleux. Et dans ce lieu de la terre on jouira de la dignité de maître, ou bien on occupera la place de docteur de la science.

13. — Recevoir et accepter la loi, en la suivant et s'en éloignant[1].

a. Lorsque le bienheureux eut ainsi parlé, Subhûti, à la longue vie, lui adressa ces paroles :

Quel est, ô Bienheureux, cet exposé, ce cours de la loi? Comment pourrais-je le maintenir[2]?

Le bienheureux, ainsi interpellé, dit à Subhûti :

Cet exposé de la loi est la Prajñâpâramitâ. C'est elle que tu dois maintenir (en vigueur et honneur). Et pourquoi? Parce qu'elle a été dite par le Tathâgata *traversée de la science* et aussi *non-traversée* (la connaissance complète et la non-complète). C'est pourquoi elle est appelée Prajñâpâramitâ.

b. Et qu'en penses-tu encore, Subhûti? Est-ce cela une loi quelconque proférée par le Tathâgata?

Subhûti répondit : Non, cela n'est point, Bienheureux, car ce n'est point une loi qui ait été proférée par le Tathâgata[3].

[1] Le CH. n'a que les cinq premiers mots.

[2] Comment nommerai-je, comment honorerai-je et observerai-je ce King? On appelle ce livre sacré le *kin k'eng* (coupeur de diamant) qui transporte à l'autre rive, clair, plein d'intelligence. M. — Le CH. n'a que *kin-keng.* «Véhicule» comme po-lo-mi (*pâramitâ*). Tu dois observer avec respect ce nom, ce titre.

[3] Le T. traduit exactement : «est-ce une loi (*ćos*) de par la parole de Bouddha». Schmidt traduit : «ist ein seyn vorhanden».

c. Que penses-tu, Subhûti? Est-ce que la poussière terrestre de la région du monde du trimillénaire, du grand millénaire est abondante?

Subhûti répondit : Elle doit être abondante, Sugata! elle doit être abondante, la poussière terrestre [1] de ce millénaire? Et pourquoi? Parce que cette poussière terrestre dont parla le Tathâgata est déclarée par lui non-poussière. C'est pourquoi on l'appelle poussière (impureté) terrestre. En outre, ce lieu, cet élément terrestre dont a parlé le Tathâgata a été déclaré par lui être un non-élément. C'est pourquoi il est appelé « élément du monde ».

d. Le bienheureux dit : Penses-tu, ô Subhûti, que le Tathâgata, arhat parfaitement illuminé, doit être reconnu par les 32 marques extérieures de l'homme supérieur?

Non, répondit Subhûti, il ne doit pas être manifesté par cela. Parce que, Bienheureux, ces 32 marques énoncées par le Tathâgata ont été déclarées par lui être des non-marques. C'est pourquoi on les appelle les 32 marques du Grand personnage.

e. Le bienheureux reprit : En outre, tout homme ou toute femme, Subhûti, qui renoncerait succes-

[1] *Narhòn buraki* « fine poussière-atome ». Cette poussière, le Tathâgata l'a déclarée non-poussière; c'est pourquoi on l'appelle fine poussière-atome et le Thag. a dit ce qui est de ce monde n'est point de ce monde. T. Tous les lieux de la terre quels qu'ils soient.

sivement à autant d'existences égoïques qu'il y a de grains de sable dans le Gange, ou qui, abandonnant autant d'âges qu'il y a de grains de sable dans le Gange, abandonnerait autant d'existences égoïques[1], aurait beaucoup moins de mérite que celui qui prendrait et apprendrait, expliquerait aux autres un quatrain de l'exposé de la loi. L'amas de mérites de ce dernier serait de beaucoup supérieur; il serait incommensurable, innombrable[1].

14. — Détaché de toute forme, s'anéantir dans le silence.

a. Alors l'âyushman Subhûti, sous la vive impression de cette doctrine, versa des larmes[2]. Puis il les essuya et dit au bienheureux : C'est une merveille, Bienheureux, une suprême merveille, que ce cours de la loi enseignée par le Tathâgata, pour le salut[3] des êtres appliqués à la règle parfaite (à la marche en avant), à la règle la plus excellente de toutes. Jamais depuis que j'ai acquis la science

[1] Manque en CH. M.

[2] CH. M. Alors Subhûti ayant entendu dire ce Sûtra, comprenant à fond le sens de ce principe, tout ému, se mit à verser des larmes, à sangloter.

[3] Ces mots et les suivants manquent. « S'il y a encore des hommes qui écoutent, reçoivent ce Sûtra, y croient de cœur, ils seront purs et éclairés; ils engendreront pour eux la forme, l'existence véritable. Il faut savoir que ces hommes, accomplissant des merveilles, auront des mérites immenses. »

« Et cette forme n'est pas une forme, c'est pourquoi, » etc.

sacrée, jamais une loi semblable ne m'a été enseignée. Ils seront doués d'une puissance surhumaine supérieure à toute autre, les bodhisattwas qui, ayant entendu ce Sûtra alors qu'on le leur enseignait, ont acquis la vraie connaissance de l'être. Et pourquoi? Parce que cette connaissance de l'être est une non-connaissance de l'être. C'est pourquoi le Tathâgata dit d'elle : « C'est la science de l'être, c'est la science de l'être ».

b. Ce n'est point une merveille pour moi[1], Bienheureux, que je conçoive ce contenu de la loi ainsi énoncé et que j'en goûte la beauté. Il y aura des êtres, ô Bienheureux, qui arriveront à la voie non encore battue, au dernier temps, au dernier moment, au dernier cinq-centenaire, lorsque la loi dépérira[2], et qui alors encore soutiendront la loi en toute son étendue, la maintiendront en son entier et la communiqueront aux autres, l'expliqueront en détail, ceux-là obtiendront la puissance magique la plus complète, l'état le plus merveilleux[3].

c. Après cela, ô Bienheureux, il n'y aura plus pour eux ni conscience de l'égoïté, ni conscience de l'être, de la vie ou de la personnalité, il n'y aura plus pour eux ni science ni absence de science. Et

[1] M. CH. « Difficile » *nan, mangga.*

[2] M. CH., simplement : « dans l'avenir, après 500 ans »... Ils seront extraordinaires au plus haut point. Pourquoi cela? parce que pour eux il n'y aura pas de représentation (*arbun-siang*) de l'égoïté, etc.

[3] T. idem *mt'sar ba* et non *bewundert*, Sch.

IMPRIMERIE NATIONALE.

pourquoi? Parce que cette connaissance de l'égoïté est une non-connaissance. Celle de la vie, de l'existence, de la personnalité, l'est également. Comment cela? C'est que les bouddhas bienheureux sont débarrassés de toute connaissance [1].

d. A ces mots, le bienheureux dit à Subhûti : Il en est ainsi, Subhûti, il en est ainsi. Ils seront dans un état merveilleux, supérieur, ceux qui, en entendant dire ce Sûtra, ne seront point saisis de crainte, ne seront pas transis d'effroi, ne tomberont pas dans un accès de frayeur. Pourquoi cela? Parce que c'est la parfaite pâramitâ, Subhûti, la parfaite arrivée au terme, déclarée par le Tathâgata, celle-là qui est une non-pâramitâ. Celle-là, ô Subhûti, que le Tathâgata dit être la pâramitâ suprême, les bouddhas bienheureux la déclarent indéfinie (infranchissable et comme inaccessible) [2]. C'est pourquoi elle s'appelle la pâramitâ suprême.

e. En outre, Subhûti, la *Kshântipâramitâ* [3] (perfection de la patience) du Tathâgata est aussi une non-pâramitâ. Comment cela? Si même, Subhûti, le roi Kalinga me coupait en morceaux les membres, les articulations et les chairs, alors même je n'aurais conscience ni de mon égoité, ni de l'existence, ni

[1] C'est que tout ce qui est débarrassé de ces représentations est appelé bouddha.

[2] T. Cette pâramitâ, le docteur suprême, le Tathâgata l'a dite sans nombre ni mesure. La traduction de Sch. est erronée.

[3] *Kshantip.* rendu en CH. M. par «supportant la honte» 忍 辱 *gırucun be gaime.*

de la vie, ni de la personnalité [1], ni aucune connaissance ni non-connaissance. Comment cela? C'est que si, en cette circonstance, j'avais conscience de mon égoïté, j'aurais en même temps celle de ma perversion [2]. Si j'avais connaissance de mon existence, de ma vie, de ma personnalité, j'aurais en même temps celle de ma perversion. Et pourquoi? Je sais très bien, Subhûti, que dans les âges écoulés, il y a de cela 500 générations, j'ai été le Richi Kshântivâdin [3]. Et alors je n'avais conscience ni de l'égoïté, ni de l'existence, ni de la vie, ni de la personnalité. C'est pourquoi, Subhûti, le bodhisattwa mahâsattwa doit, en rejetant toute connaissance particulière, appliquer son intelligence à la complète illumination (*samyaksambodhi*) supérieure à tout. Il ne doit point concevoir de pensée attachée à la forme extérieure, qui y ait sa base; il ne doit point non plus en concevoir qui soit appuyée sur les sons, l'odeur, le goût le tact, ni même sur la loi ou la non-loi [4], ni sur quoi que ce soit. Pourquoi cela? Parce que ce qui est déterminé en un point est également indéterminé. C'est pourquoi le Tathâgata dit que le bon don est fait par le bodhisattwa qui n'est appuyé sur rien et nullement

[1] Ce qui suit manque au CH. M.

[2] Par la colère, l'horreur de la douleur, etc. C'est ce que le CH M. rend par ces mots : «(si j'avais cette connaissance), il arriverait nécessairement que la colère, l'horreur en naîtraient». La phrase suivante est omise.

[3] «J'ai été l'esprit (l'immortel, *sien*) qui supporte la honte (*kshântivâdi*).

[4] Omis.

par celui qui s'appuie sur le son, l'odeur, le goût, le tact ou la loi.

f. En outre, Subhûti, le bodhisattwa doit renoncer à tout don de cette nature, pour le bien de tous les êtres [1].

Et pourquoi? Parce que la connaissance de l'être est elle-même une non-connaissance. Tous les êtres ainsi désignés par le Tathâgata sont aussi des non-êtres. Comment cela? C'est que le Tathâgata dit ce qui est, il dit la vérité, il dit les choses comme elles sont et non autrement, le Tathâgata; il ne dit rien de faux, le Tathâgata.

g. En outre, Subhûti, la loi parfaitement comprise et enseignée par le Tathâgata, qui s'en est pénétré l'esprit [2], n'est ni vérité ni erreur. De même, ô Subhûti, qu'un homme enfoncé dans les ténèbres ne sait rien voir, ainsi doit être considéré le bodhisattwa qui, tombé dans le monde des corps, renonce à tout don [3]; ou bien, comme un homme, jouissant de la vue, qui, à la première clarté qui éclaire la nuit, au lever du soleil, voit des formes de différentes

[1] « Le bodhisattwa doit donner de manière à procurer tout avantage en faveur de tous les êtres vivants. » Le T. a aussi « renonce », abandonne, comme le texte : *btaṅ*. Schmidt a compris le contraire.

[2] Simplement : la loi reçue par le Tathâg. « Existence personnelle » *âtmabhâva*. Schmidt : « Eigene Körper ». Ce n'est point cela.

[3] « Le bodhisattwa qui, ayant établi la loi dans son cœur, fait ensuite des dons abondants, ne voit point, tout comme un homme entré dans les ténèbres. Si le cœur du bodhisattwa ne se complaît pas en cet homme, en voyant tous ces personnages, le bodhisattwa

espèces, ainsi est le bodhisattwa qui, n'étant point enfoncé en ce monde corporel, renonce à tout don.

h. Bien plus, Subhûti, les hommes ou les femmes distingués qui reçoivent, prennent (*udgrahish*) la loi en son étendue, la soutiennent (*dhâray*), la rendent complète (*âcay*) et cherchent (*paryavâp*) à la posséder et l'expliquent aux autres entièrement, ceux-là, Subhûti, sont vus du Tathâgata, de l'œil de son intelligence éclairée; ils sont connus du Tathâgata par sa science d'illumination, ils sont éclairés par le Tathâgata. Tous ces êtres produiront un amas de mérites incommensurable, innombrable et l'acquerront pour eux.

15. — Comment garder les Sûtras. Mérite de qui le fait.

a. En outre, si une femme ou un homme renonçait[1] le matin à autant d'existences égoïtiques qu'il y

acquerra de grands mérites. » Cette traduction est évidemment fautive. Elle passe, du reste, une grande partie du paragraphe.

[1] Si un homme ou une femme de bien, au lever du soleil, pratiquait le don généreux, l'abandon de soi-même, autant de fois qu'il y a de grains de sable, comme un homme ayant des yeux et voyant chaque forme et couleur en pleine lumière du soleil, Subhûti, si à travers les âges cet homme, cette femme de bien reçoivent, prennent ce Sûtra, le gardent, le lisent et le récitent, ils seront des Tathâgatas, jouissant de la science, des lumières de Bouddha, d'une science achevée, universelle. (M. « donnant ainsi ».)

Les mots mandchous commencent l'autre phrase : « s'ils donnent ainsi au milieu du jour, au temps convenable, puis si . . . » etc. Le CH. « connaissant complètement au milieu du jour » est un non-sens.

a de grains de sable dans le Gange, s'il en faisait autant à midi, puis le soir, s'il renonçait aussi en ce même cours de temps aux existences personnelles, pendant des Kalpas innombrables, des millions, des milliards, et si un autre, ayant entendu cet exposé de la loi, ne la rejetait pas, ce dernier acquerrait un amas de mérites très considérable, un amas incommensurable, innombrable. Combien plus encore celui qui, l'écrivant, la recueille, qui la maintient, la consolide, la fait sienne et l'enseigne aux autres complètement!

b. En outre, ô Subhûti, il est inimaginable, incomparable cet ordre régulier de la loi. Il a été énoncé par le Tathâgata, pour le bien des êtres qui sont établis dans la voie[1] la meilleure, dans la voie parfaite. Ceux qui l'accepteront le maintiendront, le consolideront, le feront leur et l'enseigneront aux autres complètement, en détail, sont connus du Tathâgata, ô Subhûti, par sa science illuminée de Bouddha[2]; ils sont vus par son œil de Bouddha, ils sont illuminés par le Tathâgata. Tous ces êtres seront doués d'une foule de mérites incommensurables, d'une masse de mérites inimaginable, incomparable, incommensurable. Tous, ô Subhûti, posséderont, en quantité égale, une intelligence illuminée; ils

[1] CH. *Ta-shing*, le grand véhicule (Mahâyâna); (pour ceux qui le font avancer), M. pour les gens qui connaissent parfaitement la loi. Le texte que suppose ici la version tibétaine doit avoir un membre de phrase en plus : « son fruit est inappréciable par la pensée », que l'on retrouve plus loin. La phrase suivante est aussi plus développée.

[2] Ce complément est omis dans le M. CH. T.

l'accumuleront en eux, ils la feront leur tout entière[1].

Pourquoi cela? Parce que cet ordre de la loi[2] ne peut être entendu d'aucun de ceux qui sont dépourvus d'attrait pour elle, ou qui arrêtent leur vue sur l'égoïté, l'existence, la vie ou la personnalité (apparentes). Il ne peut être entendu davantage de quiconque applique sa connaissance à l'être dépourvu de science éclairée; celui-ci ne peut ni l'entendre, ni y adhérer, ni le maintenir, ni le consolider en soi, ni le faire sien. Ce n'est pas un point d'appui sensible (pour l'esprit) [*sthânam*].

c. En outre[3], ô Subhûti, l'endroit de la terre où ce Sûtra sera expliqué deviendra un objet de louange; il sera digne de respect pour le monde des dévas, des hommes et des asuras; il sera digne d'honneur, cet endroit de la terre; il deviendra comme un lieu sacré.

[1] Ces gens seront faits possédant l'*anuttarâsamyaksambôdhi.* (Voir plus haut.) Ils la porteront sur les épaules, dit le T.

[2] «S'ils ont peu d'attrait pour la loi, mais s'ils sont adonnés à regarder l'égoïté, etc., ils ne peuvent écouter cette loi, la recevoir, la lire,» etc. Le reste est omis.

[3] «En tout endroit où ce Sûtra se trouvera, en tout siècle, les dévas, les hommes et les asuras devront le respecter et y faire des offrandes. Tous devront l'honorer, y accomplir les cérémonies, le vénérer de tous côtés, y répandre partout des fleurs et de l'encens.»

On voit qu'ici, contre leur habitude, les traducteurs ont développé le texte.

16. — Que l'on peut purifier les fautes.

a. De plus, Subhûti, les hommes et femmes distingués qui recueilleront, maintiendront, accumuleront ou feront leurs des Sûtras de ce genre, se les imprimeront au fond de l'esprit et les expliqueront complètement aux autres[1], seront abaissés (?), très abaissés (de condition). Et pourquoi?

Parce que les mauvaises actions commises par ces êtres dans les existences antérieures doivent être expiées, disparaître pour eux, et que, par cet abaissement, ces mauvaises actions sont arrêtées en leurs effets, anéanties; et ces êtres pourront acquérir la connaissance illuminative.

b. Je connais, ô Subhûti, les témoignages d'amitié, la joie que dans la voie du temps écoulé, dans des Kalpas innombrables et plus encore, antérieurs au Tathâgata, à l'arhat complètement illuminé, Dîpañkara, j'ai donné 400 fois aux millions et mil-

[1] Les traductions reproduisent simplement la formule ordinaire sans tenir compte des ajoutés. « S'ils prennent, adoptent, gardent, lisent, récitent ces Sûtras et en faisant cela sont méprisés, abaissés par les autres, les fautes des temps antérieurs de ces personnes tomberont de leur chemin (seront effacées). Méprisés par les gens de leur temps, ils se déferont, se purifieront de leurs fautes passées et acquerront l'anuttarâsamyaksambodhi. »

Pourquoi ceux qui auront accompli leur devoir à l'égard de la loi seront-ils abaissés?

Le T. porte qu'ils souffriront beaucoup de maux.

liards de bouddhas sans leur causer aucune impression désagréable[1]. Et parce que ces bouddhas ont été traités par moi de cette manière et parce qu'au dernier âge, au dernier moment, au dernier cinq-centenaire, alors que l'extinction de la loi sera en cours, ils adhéreront à ces Sûtras, ils les soutiendront, ils les accumuleront, ils les feront leurs, ils les feront connaître complètement aux autres, conséquemment en comparaison de cet amas de mérites, ô Subhûti, le précédent ne l'atteint, ne l'égale pas de la centième partie, ni de la millième, ni de la cent-millième, ni de la millionième (Kâli 10 millions), ni de la cent-millionième, ni de la milliardième, ni de millions de milliards près. Et cette infériorité ne pourrait atteindre pour s'exprimer, la dernière, la plus infime fraction, l'expression du nombre, de la partie, de la supputation, du calcul, de la comparaison tant soit peu approchant, de toute relation de comparaison.

c. Si après cela, Subhûti, si je voulais exprimer le mérite de ces hommes et de ces femmes distingués et dire combien, en cette circonstance, ils produiront de mérites, combien ils en recueilleront, les êtres en gagneraient la folie, ils en arriveraient à la démence[2]. De plus, ô Subhûti, cette loi en tout son

[1] « Les ayant rencontrés, je les ai honorés par des offrandes, servis et ne les ai point laissés aller vides. »

[2] Traduction singulière : « comme un renard, il douterait et ne croirait pas ».

développement est déclarée par le Tathâgata inimaginable, incomparable, et ses fruits[1], mûris en leur incompréhensibilité, doivent être l'objet de tous les désirs.

17. — Que l'on doit être jusqu'au bout sans égoïté.

a. Alors le vénérable Subhûti dit au Tathâgata : Comment celui qui s'est appliqué à la vraie doctrine de la Bodhi doit-il se maintenir? Comment doit-il la pratiquer? comment doit-il en concevoir la notion[2]? Le bienheureux dit : Voici, Subhûti, comment celui qui s'est appliqué à la vraie doctrine de la Bodhi doit en former en soi la conception (sa pensée). Tous les êtres, sans exception, doivent être jetés par moi dans le monde du Nirvâna, et en les lançant ainsi, il est vrai, toutefois, qu'aucun n'y est jeté. Comment cela? C'est que, Subhûti, si la connaissance de l'être se produisait pour le bodhisattwa (s'il croyait à l'existence réelle), il ne devrait plus être appelé de ce nom. Lorsque la connaissance de

[1] Le chinois a les mêmes mots. M. « sa récompense vraie ne se peut calculer ». « Désirs. » Le T. rend mal ces termes : « Je le pose comme inconcevable. »

[2] CH. M. « Comment l'homme ou la femme de bien qui veut former son cœur à l'anuttaràsamyaksambodhi doit-il le fixer? comment le ployer, le rendre souple? » : T. Les principes des bodhisattwas.

La réponse reproduit uniquement (Cet homme...) doit se former le cœur ainsi : Je dois faire cesser, transporter d'ici tous les êtres vivants, et quand je l'aurai fait, je ne les aurai pas transférés une seule fois.

la vie, de la personnalité prévaut ainsi, il ne peut pas non plus être qualifié de bodhisattwa. Car la doctrine qui s'appuie sur la règle pratique de bodhisattwa[1] est une non-doctrine.

b. Qu'en penses-tu, Subhûti? Crois-tu qu'il y a une doctrine par laquelle le Tathâgata aurait reçu du Tathâgata Dîpaṅkara la science parfaite, l'illumination complète supérieure à tous, que le Tathâgata aurait fait briller à ses yeux[2]?

Subhûti répondit : Pour autant que je comprenne la pensée, le sens du bienheureux en ses discours, il n'y a pas de doctrine au moyen de laquelle il ait été parfaitement éclairé de l'illumination complète par le Tathàgata Dìpaṅkara, complètement illuminé.

Le bienheureux reprit à ces mots : C'est ainsi, Subhûti, c'est ainsi.

Il n'y a point de doctrine qui ait produit cet effet. S'il en était une, le Tathâgata Dìpaṅkara n'aurait pas prédit de moi : « Tu seras le Tathâgata Çâkyamùni, qui marcheras par la voie où l'homme n'a jamais mis le pied, l'arhat complètement illuminé[3]. » C'est parce qu'il n'y avait point de doctrine de loi annoncée par le Tathâgata, arhat, Dìpaṅkara, complètement illuminé, qui ait appris la doctrine d'illumination

[1] « En réalité, ce n'est pas une loi qui fait naître un cœur appliqué à la samyaksambodhi. » Cette doctrine n'a pas d'existence réelle.

[2] Ceci est déjà passablement obscur, mais dans la version de Schmidt, c'est un non-sens. Le T. a *C'os* qui n'est pas « ein Seyn ».

[3] Membre de phrase omis.

complète, c'est pour cela que j'ai été prédit par le Tathâgata Dìpaṅkara disant : « Tu seras le Tathâgata Çâkyamûni, arhat complètement illuminé, qui marcheras par la voie qu'aucun homme n'a fréquentée [1]. »

c. Car, Subhûti, le titre de Tathâgata est un qualificatif formé pour exprimer la nature de l'être [2]; Tathâgata [3] est un qualificatif répondant à la condition de ce qui ne s'est pas encore produit; c'est une dénomination de l'exclusion de la production, de l'existence; c'est celle de la plus perpétuelle et complète non-production.

d. Pourquoi en est-il ainsi? C'est que, Subhûti, cette non-production, non-existence, est la chose essentielle. Si quelqu'un disait : La connaissance illuminative complète, supérieure à toute, a été reçue par le Tathâgata, arhat illuminé, celui-là s'exprimerait d'une manière erronée, il me qualifierait d'un terme contraire à la vérité. Et pourquoi? Parce qu'il n'y a point de doctrine qui ait été apprise par le Tathâgata en illumination parfaite. Toute doctrine

[1] Phrase entière manquant également. Ceci rend encore la version T. plus dénuée de sens. Çâkyamûni a été prédit parce qu'il devait révéler une loi nouvelle.

[2] M. CII. Selon la nature convenable de toute loi (*fa, doro*), de toute condition d'être (= *bhûtatathâtâyâs*). En tant qu'homme, le Tathâgata est celui qui a acquis l'*anuttarâsamyaksambodhi*. En réalité, il n'y a pas de doctrine par laquelle le T. ait acquis cela. En cette samyaksambodhi acquise par le T., il y a la vérité et l'erreur, le non-vrai et le non-faux. C'est pourquoi le T. a dit : « Toute condition d'être (loi) est loi de Bouddha ».

[3] Tout ce qui suit est rendu tout autrement en T. Voir Schmidt.

reconnue, enseignée par le Tathâgata n'est ni vérité ni erreur. C'est pourquoi le Tathâgata dit : Toutes les doctrines sont doctrines de Bouddha. Comment cela ? C'est que toutes les doctrines sont des non-doctrines, déclarées telles par le Tathâgata. C'est pourquoi il est dit : Toutes les doctrines sont doctrines de Bouddha.

C'est comme quand on dit d'un homme qui a acquis tout son corps, c'est un grand corps [1].

Là-dessus Subhûti remarqua : Cet homme dont vous parlez, Tathâgata, au corps formé, au grand corps, a été déclaré par le Tathâgata n'avoir point de corps [2]. C'est pourquoi on peut dire : Corps formé, grand corps.

Le bienheureux dit : C'est ainsi, Subhûti. Le bodhisattwa qui dirait : Je répandrai les êtres çà et là [3] ne serait pas un vrai bodhisattwa. Et pourquoi ? Est-il une condition, une loi d'existence qui soit le bodhisattwa ?

Subhûti répondit : Non, il n'y en a point.

Le bienheureux reprit : Ce qu'on appelle *êtres* sont des *non-êtres*, Subhûti ! a dit le Tathâgata ; c'est

[1] Par exemple c'est semblable au corps d'un homme devenu très grand.

[2] CH. M. « n'avoir pas un grand corps » ; ce qui suppose un texte *mahâkâyas* au lieu de *akâyas ;* ce qui est plus conforme à la tournure générale des phrases de ce livre. Le point de comparaison n'est pas évident. Il n'est pas, ce semble, dans la phrase unique de Bouddha, mais dans la remarque de Subhûti. Le T. « Le Tathâgata n'a point de corps » est inexact.

[3] CH. M. « Je détruirai, j'arrêterai » 滅 度 T. « Je sauverai. »

pourquoi ils sont appelés *êtres*[1]. C'est pourquoi le Tathâgata dit : Toutes les conditions d'existence sont sans égoïté, sans vie, sans croissance, sans personnalité. Le bodhisattwa qui dirait, ô Subhûti ! : « Je développerai l'extension du monde[2] », parlerait d'une manière erronée. Parce que ce qu'on appelle le développement du monde est un non-développement, déclaré tel par le Tathâgata. C'est pourquoi on l'appelle développement.

Et le bodhisattwa disposé à croire que toutes les conditions d'existence sont sans égoïté, celui-là est reconnu un vrai bodhisattwa par le Tathâgata, arhat complètement illuminé.

18. — Envisager tout comme un seul corps.

a. Qu'en penses-tu, Subhûti ? Le Tathâgata a-t-il des yeux de chair ?

Subhûti répondit : Oui, il en est ainsi. Le Tathâgata a des yeux de chair.

Qu'en penses-tu, Subhûti ? Le Tathâgata a-t-il des yeux célestes, divins ?

Il en est ainsi, répondit Subhûti[3].

b. Qu'en penses-tu, Subhûti ? Le Tathâgata a-t-il les yeux de la science ?

[1] Cette phrase ne se trouve point au M. CH. T.

[2] « Je mettrai en bel ordre le royaume de Bouddha. » Le T. a le même sens. — « Celui-là ne mériterait pas le titre de bodhisattwa. »

[3] Le M. CH. n'a pas ce membre de phrase « Il répondit » ; ni plus loin : « Le B. dit ». Ici on s'attendait à une solution négative. Elle manque sans qu'on s'explique bien pourquoi.

Oui, il a les yeux de la science, répondit Subhûti.

c. Qu'en penses-tu, Subhûti? Le Tathâgata a-t-il les yeux, la vue de la loi?

Oui, il les a, dit Subhûti.

Qu'en penses-tu, Subhûti? Le Tathâgata a-t-il aussi les yeux d'un Bouddha?

Oui, il les a aussi, répondit Subhûti[1].

d. Que penses-tu, Subhûti, s'il y avait autant de Ganges qu'il y a de grains de sable dans le Grand Fleuve de ce nom et que les grains de sable de ces Ganges seraient autant de mondes[2], y seraient-ils en grand nombre?

Subhûti dit : Certainement, Bienheureux, certainement, Sugata! ces mondes seraient très nombreux.

Le bienheureux continua : Eh bien, Subhûti, de tous les êtres, tout autant qu'il y en aurait dans ces mondes, je connaîtrais[3] les natures différentes et les intelligences, les pensées. Et comment? C'est que ceux qui sont dits portant en eux la pensée[4], les porte-pensées, comme on les appelle, ont été déclarés par le Tathâgata ne point la porter vraiment. C'est

[1] Ici, dans le texte de M. Müller, se trouve une phrase totalement interpolée; elle est absente de la traduction tibétaine et de plusieurs mss. sanscrits, et de plus c'est un non-sens. Toutefois on la trouve dans les versions M. CH.

[2] «Monde de Bouddha.»

[3] Var. *prajânâmi, prajâniyât, prajâniyas*, ce qui fait supposer un texte primitif *prajâniyâm*, le seul qui donne un sens acceptable.

[4] M. CH. «cœur». Le cœur est, pour les Chinois, le siège de l'intelligence.

pourquoi on les appelle doués, porteurs d'intelligence, de pensée. Et pourquoi cela? C'est que la pensée passée ne se possède plus; la pensée future ne se possède pas[1]; la pensée à laquelle on est appliqué, on ne peut la saisir, la garder.

19. — Changements complets dans le monde de la loi.

Qu'en penses-tu, Subhûti? Si un homme ou une femme vertueux et distingué[2] faisait en sorte que ce monde du trimillénaire, du grand millénaire, fût rempli des sept joyaux et en ferait don[3] aux Tathâgatas, arhats complètement illuminés, est-ce que cet homme ou cette femme produirait par là une grande masse de mérites?

Subhûti répondit : Certainement, Sugata, certainement, Bienheureux, ils seraient très nombreux.

Le bienheureux reprit[4] : Oui, Subhûti, il en est ainsi; ils produiraient une masse de mérites incommensurable, innombrable. Comment cela? C'est que

[1] CH. «pas encore». T. «ne peut être tenue dans l'esprit *dmigs-su med*».

[2] Le M. CH. a simplement «homme» *Jin-niyalma*.

[3] «Et les emploierait à faire des dons.» Les versions omettent «aux Tathâgatas,» etc.

[4] Le M. CH. a le contraire. «Et si cet amas de mérites était réel, le Tath. n'aurait pas dit qu'il acquerrait de grands mérites. Mais parce que ces vertus et bonheurs ne sont pas (*wu-ako*), le T. a dit qu'il acquerrait ces vertus,» etc. C'est-à-dire que la première phrase de notre texte ne s'y trouve pas.

cette masse de mérites a été déclarée par le Tathâgata être une non-masse. C'est pourquoi elle est appelée « masse de mérites ». D'ailleurs, si c'était une masse de mérites, le Tathâgata ne l'aurait pas appelée de ce nom, n'aurait pas dit : c'est une masse de mérites.

20. — Absence de formes, d'attributs sensibles.

Qu'en penses-tu, Subhûti ? Le Tathâgata paraîtra-t-il sous une forme corporelle ?

Subhûti répondit : Ce n'est point ainsi, Bienheureux ; le Tathâgata ne doit pas être reconnu par la forme corporelle qu'il acquerra. Car ce qu'on appelle revêtement de la forme corporelle n'en est point un d'après ce qu'a déclaré le Tathâgata, ô Bienheureux !

C'est pourquoi on l'appelle revêtement, obtention de la forme corporelle.

Le bienheureux dit : Qu'en penses-tu, Subhûti ? Le Tathâgata sera-t-il reconnu par la réunion en lui des marques extérieures propres [1] ? Subhûti répondit : Non, Bienheureux, non, le Tathâgata ne sera pas reconnu par ces signes [2]. Car ce que le Tathâgata a appelé une acquisition, une réunion des marques extérieures, il l'a appelée une non-acquisition de ces marques. C'est pourquoi on l'appelle acquisition des marques réunies.

[1] « Le Tath. se verra-t-il, se rencontrera-t-il (*acaci*) dans un corps à forme complètement sensible ? »

[2] *Lakshaṇa* rendu par *arbun*, *siang*, forme extérieure, manifestant l'être.

21. — Ce qu'on dit n'est point dit.

Le bienheureux dit[1] : Qu'en penses-tu, Subhûti? Appartient-il au Tathâgata de dire : La loi a été révélée par moi?

Subhûti répondit : Non, Bienheureux, cela ne lui appartient pas.

Le bienheureux continua : Celui qui dirait que la loi a été révélée par le Tathâgata commettrait une erreur. Il me concevrait d'une manière contraire à la vérité. Pourquoi?

On parle bien d'une révélation, d'un enseignement de la loi; mais il n'y a point de loi qui soit reçue comme une révélation de loi[2].

Quand[3] il eut ainsi parlé, le fortuné Subhûti lui dit : Il arrivera, Bienheureux, qu'au dernier âge, au dernier temps, au dernier cinq-centenaire, lorsque l'extinction de la loi prévaudra[4], il y aura des êtres qui, entendant ces doctrines, y ajouteront foi.

Le bienheureux répondit : Ces êtres ne seront ni êtres ni non-êtres. Comment cela? Ce qu'on appelle

[1] Texte différent. M. CH. « Ne dis pas que le Tath. ait dit : je dois annoncer la loi, ne forme pas une pareille pensée (en toi), car si les hommes disaient que le T. doit annoncer la loi, ils accuseraient Bouddha, parce qu'ils ne peuvent point comprendre mes paroles. »

[2] Le M. CH. ajoute : « c'est pourquoi cela est appelé loi ».

[3] Ici, par exception, les deux versions ont la phrase entière : Alors Subhûti au destin sage dit à Fucihi.

[4] M. CH. simplement : « dans le temps non encore arrivé », et la phrase est alternative, « y croiront-ils ou point »?

êtres, êtres, a été déclaré non-êtres par le Tathâgata. C'est pourquoi ils ont été appelés êtres.

22. — Il n'y a point de loi qu'on puisse acquérir.

Qu'en penses-tu, Subhûti[1]? Y a-t-il une loi reconnue par le Tathâgata comme l'illumination complète, supérieure à tout? Subhûti répondit : Non, Bienheureux, il n'y a pas une loi reconnue telle par le Tathâgata.

Le bienheureux repartit : C'est ainsi, Subhûti, c'est ainsi. Il n'y a pas la moindre loi qui soit ainsi connue, qui soit ainsi reçue. C'est pourquoi on l'appelle la parfaite et dernière illumination de l'esprit.

23. — Faire le bien avec un coeur pur.

Cette loi est uniforme et sans dissemblance. C'est pourquoi elle est dite l'illumination, la connaissance complète, suprême. Par l'absence d'égoïté, d'existence, de vie et de personnalité, elle est parfaitement

[1] Ce paragraphe est tout différent en M. CH. C'est Subhûti qui parle au B. et lui dit : l'anuttarâsamyaksambodhi acquise par le T. doit-elle être tenue pour non acquise? Fucihi dit : C'est ainsi, c'est ainsi, Subhûti. Cette sambodhi que je dois acquérir n'est pas ma loi. CH. Pour moi, par rapport à cette sambodhi, ce n'est point en définitive une loi à acquérir. C'est pourquoi on l'appelle anuttarâsamyaksambodhi.

Schmidt, prenant partout *c'os* (= dharma) comme signifiant « seyn », donne à tous les paragraphes un sens tout autre qui ne me paraît pas acceptable. D'autant que ce mot est remplacé plus loin par *bodhi*.

uniforme. Cette connaissance parfaite, suprême, est reconnue par ses principes salutaires[1]. Et comment? C'est que ces lois salutaires sont déclarées des non-lois par le Tathâgata. C'est pourquoi elles sont appelées lois salutaires par le Tathâgata.

24. — Bonheur et sagesse incomparables.

En outre, si un homme ou une femme accumulait autant d'amas des sept joyaux qu'il y a, dans le monde du trimillénaire, du grand millénaire, de Sumerus rois des montagnes et qu'ils les donneraient aux Tathâgatas, arhats complètement illuminés, si, d'un autre côté, un fils ou une fille de famille prenait un quatrain du cours de la loi, de la Prajnâpâramitâ et l'enseignait aux autres, les mérites du premier n'atteindraient pas la centième partie de l'amas du second, car celui-ci n'admet aucune comparaison.

25. — Transformation sans objet transformable.

Qu'en penses-tu, Subhûti? Le Tathâgata peut-il dire : Les êtres sont délivrés par moi[2]? (Si tu l'as

[1] M. CH. Si, sans égoïté, etc., on pratique toute bonne loi, on obtiendra l'anuttarâsamyaksambodhi. Ce que Subhûti appelle bonne loi, le Tath. l'appelle non-bonne loi. C'est ce qu'on appelle bonne loi.

Schmidt nous dit ici que «cette bodhi pénétrée par tout l'être des vertus est devenue Bouddha!» *Kuçalâ dharmâ* devient «tout l'être des vertus». C'est ainsi qu'il rend le T. *dge-bahi c'os* «loi de bonheur».

[2] Comme plus haut, «Subhûti! Quelqu'un de ton espèce ne dise

pensé), on ne doit plus désormais considérer la chose de cette manière. Il n'y a pas d'être qui ait été délivré par le Tathâgata. S'il y en avait jamais, Subhûti, alors le Tathâgata reprendrait l'égoïté, la vie, l'existence, la personnalité. Or la prise de l'égoïté a été déclarée par le Tathâgata être une non-prise. Elle est admise seulement par les gens inintelligents et vulgaires[1]. Et ces gens ne sont pas des gens[2], a dit le Tathâgata. C'est pourquoi ils sont dits inintelligents, enfants et vulgaires.

26. — Le Dharmakâyas est sans forme sensible.

Qu'en penses-tu, Subhûti? Le Tathâgata doit-il être reconnu par les marques extérieures propres?

Non, répondit Subhûti, cela n'est point[3]. Si j'ai bien compris le sens des paroles du bienheureux, le Tathâgata ne doit-t-il pas être reconnu par la réunion en lui des marques propres de beauté?

Bien, bien; c'est ainsi, c'est ainsi, répondit le bienheureux, c'est comme tu le dis. Et pourquoi? Si jamais, Subhûti, le Tathâgata était reconnu par des marques extérieures, alors le souverain au pou-

pas que le Tath. pense : Je dois transporter, sauver tous les êtres.» Ne forme pas cette pensée. Il est à remarquer que cette tournure se trouve au paragraphe 27. Il se pourrait donc que le texte de Kumârajîva l'eût aussi.

[1] «Les gens vulgaires estiment cela leur individualité.»

[2] M. CH. «ne sont pas des gens vulgaires». Le dernier mot est de trop et détruit le sens.

[3] Le M. CH. a par erreur : «oui, c'est ainsi».

voir suprême [1] serait aussi un tathâgata. C'est pourquoi ce n'est point par des marques extérieures que le Tathâgata devra être reconnu.

Subhûti, à la longue vie, dit alors au bienheureux : Pour autant que je saisis le sens des paroles du bienheureux, le Tathâgata ne doit pas être reconnu par les marques spéciales. C'est ainsi que le Bienheureux disait en cette phrase, en cette strophe :

Ceux qui me voient par la forme, ceux qui m'atteignent par [le son
Suivent une fausse appréciation des choses, ces gens-là ne [me verront point [2].
Le Bouddha doit être reconnu par sa loi, car les chefs sont [l'incarnation de la loi.
Mais l'essence selon la loi ne peut être connue, elle n'est [point de nature à être distinguée et connue.

27. — Point de suppression ni de distinction.

Que penses-tu, Subhûti? Crois-tu que l'illumination parfaite sera donnée par le Bouddha par la réunion en lui des marques spéciales? Si tu le penses,

[1] *Râjâ Cakravartin.* M. *S'akk'ravardin.* CH. : «Le Saint roi qui tourne la roue».

[2] Le CH. M. n'a que les deux premiers vers divisés chacun en deux :

ye mām rupena cādrākshuḥ
ye mām ghoshena cânwaguḥ
Mithyāprahāṇaprasṛtâ :
Na mām drakshyanti te janâ:

Il est bien probable que le texte primitif n'avait que cela.

ne considère plus désormais la chose de cette façon. Et pourquoi ?

Parce que cela n'est point, et que personne ne te dise plus jamais rien de semblable, ô Subhûti. Ce serait de la part de ceux qui sont engagés dans la voie des bodhisattwas une véritable destruction de toute loi, l'extirpation de la vraie doctrine.

Ne considère plus jamais la chose ainsi, car ce serait la mort de toute loi, la destruction de la vraie doctrine, causée par ceux qui sont engagés dans la voie, la règle des bodhisattwas [1].

28.

En outre, si un fils ou une fille de famille [2] remplissait des sept joyaux autant de mondes qu'il y a de grains de sable dans le Gange, le grand fleuve, et les donnait en don aux tathâgatas, arhats illuminés, et si, d'autre part, un bodhisattwa [3] mettait toute son attente, ses désirs dans la condition des êtres

[1] La version M. CH. dit encore ici le contraire de notre texte : «Si tu penses que par sa forme extérieure propre, le T. n'a pas acquis l'anuttarâsamyaksambodhi, ne conçois pas cela. Si tu penses que s'il manifeste un cœur complètement et suprêmement illuminé, il annonce par là la destruction de toute loi, ne conçois pas pareille pensée. Car celui qui manifeste un cœur complètement, suprêmement illuminé, ne prononce pas par cela même la destruction, la suppression de toute manifestation extérieure de la loi.»

Le Tib. a encore ici et dans ce qui suit des idées étrangères au texte. Voir Schmidt, p. 209.

[2] CH. M. «un bodhisattwa».

[3] CH. M. Ici, par contre, «un homme quelconque».

sans égoïté, affranchis des renaissances, celui-ci produirait une masse de mérites de beaucoup supérieure, incommensurable, innombrable, et ce bodhisattwa n'aurait plus besoin désormais d'acquérir des mérites [1].

Subhûti dit [2] : Ainsi il ne doit plus chercher à acquérir des mérites de tous côtés.

Le bienheureux répondit [3] : Ce que l'on cherche à acquérir ainsi ne doit pas être acquis, tenu; c'est pourquoi on dit qu'il faut chercher à l'acquérir de toutes manières.

29. — Dignité majestueuse et tranquille.

En outre, celui qui dirait encore : Le Tathâgata va ou arrive, est debout ou assis, ou prépare sa couche, dort, celui-là ne comprend pas ce que je dis. Parce que celui qui est dit Tathâgata ne va nulle part, ne vient de nulle part; c'est pour cela qu'il est appelé le Tathâgata, arhat complètement illuminé.

[1] « Estimant toute condition sans égoïté et sachant largement supporter, ce bodhisattwa l'emporterait sur l'autre. Pourquoi? C'est que, Subhûti, tous les bodhisattwas n'acquièrent pas ces mérites. »

[2] Subhûti, les mérites acquis par le B. ne doivent pas être recherchés avidement. C'est pourquoi il est dit qu'il n'en acquiert pas.

[3] Ou bien : cela formerait une boule, un globe; et cette boule a été déclarée une non-boule, etc. Le CH. M., comme le tibétain, le rend de cette manière ou à peu près : « ce serait une forme bien condensée uniformément ». On ne doit pas la dire telle, il n'y a que les gens communs qui sont avides de cela.

30. — Forme et principe homogènes.

En outre, si un fils ou une fille de famille broyait en atomes la matière d'autant de monde qu'il y a de poussières dans le monde du trimillénaire, du grand millénaire et avec une force incalculable en faisait un immense amas d'atomes, penses-tu que cet amas d'atomes serait considérable? Certainement, Bienheureux; il en serait ainsi, Sugata! Ce dernier amas d'atomes serait immense. Et pourquoi? Parce que si cet amas d'atomes était immense, le Tathâgata n'aurait pas dit : C'est un immense amas d'atomes.

Et comment cela? C'est que cet énorme amas d'atomes a été déclaré par le Tathâgata un non-amas et c'est pourquoi il est appelé un amas d'atomes. Et ce monde du trimillénaire, grand millénaire, appelé ainsi par le Tathâgata, a été déclaré par lui être un non-monde. C'est pourquoi on l'appelle monde du trimillénaire, grand millénaire. Pourquoi cela? Parce que, Bienheureux, si c'était une région du monde, alors on devrait aussi y chercher et prendre sa nourriture, et cette prise de nourriture a été déclarée une non-prise, un non-recevoir, par le Tathâgata. C'est pourquoi il est appelé « qui reçoit, prend son pain ».

Le bienheureux dit: Recevoir ainsi son pain n'est point une chose à faire, un rapport à avoir. C'est une chose sans nom, ce n'est ni bien ni pas bien; cela n'appartient, n'est à faire que par les gens inintelligents et grossiers.

31. — Ne point chercher à savoir et voir.

Comment cela[1] ? Celui qui dirait : Le Tathâgata a parlé de la vue de l'individualité, de la vue de l'existence, de la vie, de la personnalité, celui-là parlerait-il avec vérité et justesse? Subhûti répondit : Non, Bienheureux, non, Sugata! celui-là ne parlerait pas justement. Pourquoi? Parce que, Bienheureux, la vue de l'individualité[2] dont parle le Tathâgata a été déclarée par lui une non-vue. C'est pourquoi on l'appelle « vue de l'individualité ».

Le bienheureux dit : Ainsi, ô Subhûti, l'homme engagé dans la voie, appliqué à la doctrine des bodhisattwas[3], doit connaître toutes les natures, les considérer, exciter son affection vers elles, et il doit le faire de façon qu'il ne fasse fond ni sur la connaissance des lois, des essences, ni sur la non-connaissance. Pourquoi cela?

Parce que la connaissance des essences a été déclarée par le Tathâgata une non-connaissance. C'est

[1] Ceci manque au M. CH. Mais à la fin de la phrase, il y a de plus : « Qu'en penses-tu? Cet homme comprend-il ou non ma pensée? Et Subhûti répond en conséquence : « Il ne comprend pas, » etc.

[2] Par exception, le texte M. CH. est plus long et répète « la vue de l'existence », et le reste. De même à la phrase suivante. Cela est très remarquable comme preuve d'un texte sanscrit différent.

[3] « Celui qui applique son cœur à la samyaksambodhi doit connaître toute nature, la considérer, s'y confier, sans chercher la forme extérieure, l'apparence des natures. Cette apparence a été déclarée une non-apparence par le T., c'est pourquoi on l'appelle ainsi. » Texte très différent du sanscrit actuel.

pourquoi elle est appelée « connaissance de l'essence des lois ».

32. — Les transformations ne sont point réelles.

Enfin, si un bodhisattwa[1] comblait des sept joyaux des mondes incommensurables, innombrables et les donnait ainsi en don aux tathâgatas, arhats complètement illuminés, et si, d'autre part, un fils ou une fille de famille, prenant un quatrain de la Prajnâpâramitâ, le gardait en sa pensée, le faisait connaître, le comprenait entièrement, l'expliquait aux autres complètement[2], ce dernier acquerrait des mérites bien plus que le premier, ils seraient incommensurables, innombrables. Et comment l'expliquerait-on[3]? Comme je le comprends. Entièrement comme les étoiles et les ténèbres, comme une lampe, un fan-

[1] M. CH. « un homme ».

[2] Tib. « copie, embrasse, garde »; litt. « comprend entièrement et explique ». Chin. M. « prend, s'applique à »; litt. « récite, explique ».
Var. Comment l'expliquerait-on? Comme ne l'expliquant pas, c'est pourquoi on dit : l'expliquerait-on.

[3] M. CH. Comment l'expliquerait-on en l'amplifiant? Sans s'émouvoir, tranquillement et pourquoi?

Toute condition d'agitation est comme un rêve, une vision, une bulle d'eau, une ombre; c'est comme la rosée, comme l'éclair. C'est ainsi qu'on doit le considérer.

Quand Fucihi eut fini ce Sûtra, le vénérable Subhûti, tous les Gelongs, toutes les Gelongs, les disciples des deux sexes et de tous les âges, les dieux, les hommes et les asuras, ayant entendu ces paroles de Fucihi, en conçurent une joie extrême, les reçurent avec foi et s'appliquèrent à les mettre en pratique.

tôme, un grain de givre, une bulle d'eau, un songe, une lueur d'éclair. Qu'on l'explique ainsi, car c'est ainsi qu'on dit qu'on doit l'expliquer.

Ainsi parla le bienheureux transporté, hors de lui.

Et Subhûti le vénérable et les bhikshous et les disciples des deux sexes et les bodhisattwas, ainsi que les dévas, les hommes, les asuras, les gandharvas, applaudirent aux paroles du bienheureux.

Ainsi est achevée la noble Vajracchedikâ, la vénérable et fortunée Prajñâpâramitâ.

EXTRAITS

DU COMMENTAIRE DE LÜ-TSU[1].

3. Le *Mahâsattwa* est celui dont le cœur et la capacité sont si grands, si vastes, qu'on ne peut en sonder les limites par la pensée.

La naissance par transformation, *hoa*, rendant *upapâduka*, est la métamorphose des insectes, des mites, des grenouilles, etc.

Ce qui a forme, *rûpin*, est ce qui a corps sans pensée ni désir. — Ce qui n'en a point est « le pur esprit ».

[1] Cette version diffère notablement de notre texte. Quant au çloka, les différences peuvent provenir uniquement de ce que le traducteur chinois a voulu avoir quatre vers de cinq syllabes, mais sans rime.

Ce qui n'a point de connaissance, *asañjñin* (Wu-siàng, 61, 9), est celui chez qui, dans l'intérieur immobile, aucune volonté ne se meut.

Nasañjnî nâsañjñî (fei wusiang) est celui chez qui la volonté ne se meut point, bien qu'il en ait une et qu'il ne soit pas semblable au bois ou à la pierre privés de facultés cognitives.

Nirvâna (nit-puan), où il n'y a plus ni naissance ni mort.

Parinirvâpatavya (滅度). Litt. : « détruire et former, régler ». Expliqués par : « épuiser la forme et transformer ».

7. Il n'y a point de loi, de nature fixe, qu'on puisse déterminer irrévocablement et que l'on puisse concevoir. Tout dharma est du vide. On peut instruire l'homme, mais on ne peut exposer la loi par la parole.

Adharma : bien que existant (*yeu*), est réellement non-être (*wu*).

Na-adharma : bien que non existant (*wu*), existe cependant (*yeu*).

8. L'ensemble de tout ce qui est sous le ciel est le petit *lokadhâtu;* mille fois ce lokadhâtu c'est le petit millénaire; mille fois ce dernier est le millénaire moyen et mille fois le millénaire moyen est le grand millénaire, *mahâsâhasra.*

Le *dharma* est *adharma.* Ceci est un mystère, une énigme que l'on ne peut résoudre. C'est comme un objet flottant dans le vide et qu'on ne peut atteindre.

9. *Arhat* est expliqué relativement aux termes antérieurs *sakṛidâgamî* et *anâgamî*. C'est celui qui ne naît plus, c'est-à-dire dont la forme est détruite et la vie épuisée.

Précédemment Bouddha a enseigné la loi du non-faire, cette loi qu'on ne peut comprendre ni énoncer. Maintenant il enseigne aux arhats la conduite à tenir pour se perfectionner. L'absence de désir est la chose essentielle et fondamentale; on doit s'abstenir de tout désir d'obtenir des fruits de sa conduite. Il y a quatre conditions qui ont des lois et des fruits différents. Mais en aucune d'elles on ne peut penser avoir obtenu ces fruits.

Ainsi le *srôtaâpanna* est le premier entré dans le courant des saints, mais son cœur, son appétition n'atteignent rien par cela; il ne doit pas penser qu'il a la condition, la forme extérieure de quelqu'un qui est lancé dans ce courant; il n'entre pas dans les six poussières et souillures des sens.

10. *Kshêtra* est la terre de Bouddha, parce qu'il y a établi sa réforme et ses communautés où l'on pratique l'aumône.

Çabda . . . . pratishṭhitaṃ cittam . . . « Le cœur ne doit être attaché à rien ».

Le Suméru a 3,360,000 lis de hauteur et de largeur.

Ce qui n'a point de corps a la loi pour corps.

11. Le Gange a 40 lis de circuit; il coule dans le pays occidental. Comme ses auditeurs le connaissaient, Bouddha le prend comme point de comparaison.

12. *Devamânusha* est pris pour « homme du ciel » (*deva* = *t'ien*) et non pour « dieux et hommes ». *Asura* (*ha-seu-la*) est ainsi expliqué : *Ha* = *wu* « non »; *la* = *chong* « tous ». C'est le roi des esprits des vivants qui ne sont point parfaits. *Caitya* est rendu par 塔廟 *Tap-miao*. *Tap* (Dagoba) est l'endroit où se trouve le tombeau de Bouddha; *Miao* est celui où se trouve son image.

13. La poussière est nombreuse comme les mauvais désirs des vivants. Bouddha s'est partagé et a parfait ses transformations au sein des mondes. Il y a manifesté son éclat sans bornes, sa grande puissance spirituelle. Il faut que tous les êtres vivants placés dans cette poussière la quittent; que, placés dans le monde, ils en sortent. C'est pourquoi il dit que ce n'est point une poussière, qu'il n'y a pas de poussière, pas de monde.

14. *Bhûtasañjñâ* = *shih siang* (l'apparence de la réalité, de ce qui est; sa forme extérieure). Expliqué par *fat-shin* « le corps de la loi ».

Après avoir parlé de l'essence, de la puissance du bonheur (*fuh-te*), Bouddha passe à celle des mérites des bonnes œuvres. Ce sont ces œuvres qui ont un fruit complet; le bonheur, l'abondance des biens n'est pas suffisante pour suivre la bonne voie.

Il y a dix pâramitâs ou moyens de passer à la rive de la perfection et du salut; ce sont : la bienfaisance, la mortification, la patience dans l'humiliation, l'ardeur à l'avancement, la contemplation, la sagesse prudente, la bonté, la compassion, la force d'âme, la persévérance qui ne recule pas. Ici, il ne s'agit que de la première, de la bienfaisance ou de l'aumône; plus loin, c'est de la patience.

Le roi Kalinga (Kali Wang). C'est son nom indou; en chinois il s'appelle *Wuh-tao-kih-go kiun* « le prince sans foi ni loi, extrêmement méchant ». Le mot *ka* (歌) [76, 10] désigne l'habileté, l'adresse; *li* (利) est ce qui coupe (刀); *wang* désigne le cœur. C'est celui qui use d'habileté pour couper, diviser le cœur non éclairé et tourmenté, troublé. Tout ceci est une leçon par exemple. L'auteur veut dire que celui qui s'attache à quelque chose ne peut élever son cœur vers la vertu, source de la délivrance.

15. *Çrêshṭhayâna* = *Ta-shing* « le grand char ». Le Commentaire distingue ainsi les trois *yânas :* Quand l'arhat vit et meurt pour lui-même sans chercher à améliorer les autres, c'est le *siao-shing*, « le petit char, la petite école ». S'il étudie à moitié pour les autres, à moitié pour lui-même, c'est le *tchong-shing*, « le char moyen ».

Si le Bodhisattwa cherche à tout perfectionner, c'est le *mahâyâna*, le *ta-shing*, « le Grand char, la grande doctrine ». Celui qui prend le Grand char réunit en lui tout le Bodhisattwa; il porte et dirige. Bouddha est le char.

Hinâdhimuktika = *siao fat* « loi inférieure »; le *tao* extérieur.

Fin. Le texte chinois dit qu'il faut en ce lieu répandre des fleurs et faire brûler des parfums. Les fleurs sont les lotus bleus et blancs. Après avoir traité de la patience courageuse, Bouddha parle ici du sacrifice de soi-même et en vante le mérite.

16. *Paribhûta* = *King-tsien* (輕賤) « méprisé, bas »; désigne les maladies, les afflictions, la pauvreté, l'épuisement, le dépérissement, tous les maux qui accablent l'homme. Les mauvaises voies sont : l'enfer sous terre, l'état de démon affamé et celui d'animal domestique.

Pour comprendre ceci, il faut se rappeler que bien qu'on soit un homme tout céleste, qu'on soit plein de piété et de charité, on n'évite pas toujours les maux de ce monde. C'est ce que Bouddha veut expliquer en rapportant ces maux à une cause antérieure, aux fautes commises dans une autre vie.

17. *Çâkya(mûni)* est un mot hindou auquel correspond en chinois *neng jïn* « qui sait être bon » (en prenant *çâkya* comme dérivé de R. *çak*). *Mûni* est en chinois « celui qui reste dans le silence et l'isolement ».

La loi, la condition d'existence n'existent pas, parce que tout est appartenance du vide.

IMPRIMERIE NATIONALE.

18. Ce qui voit les formes est appelé « œil de la chair »; ce qui voit le monde du grand millénaire est « l'œil des dieux, du ciel »; ce qui voit la nature interne est « l'œil de l'intelligence »; ce qui voit la loi, la nature entière, est appelé « œil de la loi ». Ce qui sait se garder sans nature propre; ce qui sait chercher sans illumination (sans Bouddha, *wu tchu fo*); ce qui répand un éclat lumineux et dissipe les ténèbres, c'est l'œil de Bouddha. Shi-tsoun est tel; c'est pourquoi on l'appelle Bouddha.

Nânâbhàvâñ cittadhârân, c'est le cœur des êtres en toutes leurs différentes espèces; *adhâra* « ce qui est sans cœur », le cœur qui oublie. — C'est encore le cœur; ce qui ne produit ni erreur ni oubli, c'est le cœur fondamental, à l'état de nature primitive.

Celui qui sait pénétrer l'essence de l'être dépourvu d'égoïté est un bodhisattwa; il voit le vrai et pénètre le vide.

19. Les mérites ont des fruits, des effets, et pour cela ils ont une réalité et les êtres vivants les désirent par erreur. Mais ils sont sans cause et pour cela ils sont des non-entités, et l'on ne doit point tenir compte de leur apparence totale. Ceci est identique à ce qui est dit au paragraphe 8, à cela près qu'au paragraphe 8 il est question du don des sept joyaux qui n'égale pas l'étude des Sûtras; ici on considère l'homme qui a foi dans les Sûtras et fait des dons en conséquence. Quand le cœur a quelque chose qui l'occupe, il n'est pas un cœur. Si l'on peut voir le

fruit des œuvres, on ne doit pas le considérer et l'être vivant ne doit point l'espérer.

20. *Sampadâ* est rendu par 具 (complet, = *sam*) et 足 « pied », comme si *padâ* venait de *pad* « pied »; mais 足 signifie aussi « complet », de là les deux mots réunis équivalant à « sans lacune ni défaut ». Les trente-deux signes distinctifs ne suffisent pas parce qu'ils ne tiennent pas compte de l'esprit.

Tout ce que les bouddhas opèrent ne produit pas de mérites, a-t-il été dit précédemment. Mais alors que sont les signes distinctifs du Bouddha? C'est ce qui est expliqué ici. Ce sont vide et néant comme le reste.

21. La forme, les couleurs, toutes les apparences extérieures sont insuffisantes pour distinguer le Tathâgata des autres hommes. C'est la loi qui permet de le faire, sa condition particulière. Mais Bouddha est aussi sans loi, sans condition semblable parce que la nature pure et droite, la nature originelle (*tchen*) n'a pas besoin de loi extérieure. — Remarquons que ceci est une idée taoïste.

22. Ceci approfondit le sens du paragraphe 18. Non seulement Bouddha n'a pas de condition propre, lui appartenant, mais sa nature est le pur vide et il n'y a rien au-dessus de cette nature.

23. Cette nature pure, originelle (§ 21) est par-

tout la même; elle est dans tous les êtres comme dans Bouddha, ni plus ni moins. La bonne loi a une action constante, perpétuelle et partout la même; elle induit en acte tous les êtres d'une manière égale et également pure, quand leur nature est restaurée.

25. Le thème de ce paragraphe est que les saints ont tous une nature identique et que les transformations ne sont pas des transformations. Ce paragraphe ressemble au 3e et au 17e, mais chacun a sa valeur particulière et aucun d'eux ne forme redondance. Au 3e, il est dit que le Tathâgata détruit et reforme les êtres vivants, mais ne tient pas à ses mérites; au 17e, que dans les mêmes conditions il n'a pas de loi particulière; au 25e, que tous les êtres vivants ont des qualités supérieures par lesquelles ils peuvent se livrer eux-mêmes au *Nirvâna.*

L'adoption des Sûtras ayant des mérites sans bornes, ce Sûtra peut conduire au *Nirvâna.* C'est lui et non Bouddha qui y mène.

26. Le corps de la loi est dans le silence et la pureté, et non dans les formes perceptibles. — Les rois cakravartins sont les quatre grands rois célestes. Ce paragraphe diffère des 5e et 13e en ce que c'est Bouddha qui parle ici, pour confirmer ce que Subhûti avait dit précédemment. — Dans la nature pure, originelle, il n'y a pas de différence entre Bouddha et un homme du commun: c'est pour-

quoi les signes extérieurs ne peuvent servir à reconnaître le Tathâgata.

27. Kasyaciddharmasya *vinâçaḥ prajñapta ucchedô vâ.* Cela veut dire que toute loi, toute condition d'existence est hors d'usage possible. Ainsi le tout signifie que lorsque le temps de la délivrance n'est pas encore venu, on doit suivre la loi de Bouddha. Ceci ressemble au paragraphe 2; mais celui-ci doit être, dans les différences, la base de l'interprétation.

29. Thème. — La nature pure est dans le silence et l'obscurité et non dans la majesté extérieure, l'éclat. Le bodhisattwa ne recherche pas les biens, les mérites, car tout est pur vide et illusion. Le Bouddha ne se meut pas en différents sens, car la vraie nature essence se meut complètement dans les six directions sans changer de lieu; c'est pourquoi on ne peut dire qu'elle va, vient, etc.

30. L'ensemble de l'univers entier n'est en réalité qu'une illusion; il n'a point d'être réellement perceptible par sa nature. La conception du tout uni est la nature essentielle que l'on ne peut exprimer, mais que le vulgaire, prenant pour réelle en son apparence, désire posséder comme un bien.

31. Quand on a reconnu ces choses, la conception sensible de l'être disparaît. Tout homme du commun cherche ses intérêts, et par son égoïté

produit la perpétuation de son existence. Mais tout ce qui paraît est vide et illusion, et la conception de l'être perceptible par les sens l'est avant tout. L'homme éclairé la perd entièrement.

32. La version chinoise suppose le texte : *yathâ na prakâçayêt* et porte *puh tseu yü siang* « on ne prend pas la démonstration dans les formes extérieures ». Puis elle ajoute : *zho*, *zho puh tong* « ainsi on le fait sans action, extérieurement, en faisant le bien, donnant pour satisfaire à la loi ». — Tout est songe et ombre parce que rien ne dure; tel est le grand enseignement du livre. L'homme doit suivre la loi et se plaire au vide pur, seule réalité.

www.ingramcontent.com/pod-product-compliance
Lightning Source LLC
LaVergne TN
LVHW020040170826
845678LV00001B/351

* 9 7 8 2 3 2 9 6 9 8 0 7 6 *